考亭书院大观

吴邦才 ◎ 著

厦门大学出版社 国家一级出版社
XIAMEN UNIVERSITY PRESS 全国百佳图书出版单位

图书在版编目（CIP）数据

考亭书院大观 / 吴邦才著. -- 厦门：厦门大学出
版社，2022.9
　　ISBN 978-7-5615-8574-0

　　Ⅰ．①考… Ⅱ．①吴… Ⅲ．①书院－教育史－建阳
Ⅳ．①G649.299.574

　　中国版本图书馆CIP数据核字(2022)第070892号

| 出 版 人 | 郑文礼 |
| 责任编辑 | 薛鹏志　章木良 |

出版发行 厦门大学出版社

社　　址	厦门市软件园二期望海路 39 号
邮政编码	361008
总　　机	0592-2181111　0592-2181406(传真)
营销中心	0592-2184458　0592-2181365
网　　址	http://www.xmupress.com
邮　　箱	xmup@xmupress.com
印　　刷	厦门市明亮彩印有限公司

开本	720 mm×1 000 mm　1/16
印张	10.25
字数	180 千字
版次	2022 年 9 月第 1 版
印次	2022 年 9 月第 1 次印刷
定价	72.00 元

厦门大学出版社
微信二维码

厦门大学出版社
微博二维码

卜居勝地遵考訓大道集

成付滄湖繼往開來泓正

脈源頭活水萬古流

考亭書院創建八百卅周年禮贊　吳邦才撰　萍書

前　言

　　考亭书院是朱子晚年创办的最后一所书院。这里是朱子登上理学巅峰之地，也是朱子终老之所。

　　朱子，名熹，字元晦，号晦庵、晦翁，世称紫阳先生、考亭先生。朱子祖籍地江西婺源，祖居地福建政和。南宋建炎四年（1130）农历九月十五日出生于福建尤溪。绍兴十三年（1143），朱子的父亲朱松不幸在建州病亡。临终前，朱松将妻儿托付给好友刘子羽。由是朱子于十四岁时前往崇安五夫里，生活上得到了刘子羽的悉心照料，学业上则受教于刘子翚、胡宪、刘勉之三先生。朱子在五夫的紫阳楼居住了近五十年。绍兴十七年（1147），朱子举建州乡贡。翌年，赴临安应试，中王佐榜第五甲进士。绍兴二十一年（1151），经吏部铨选，授左迪功郎，从此步入仕途。朱子一生历事高宗、孝宗、光宗、宁宗四朝，从政时间约九年。先后任泉州同安县主簿、武夷冲佑观提举、南康知军、浙东常平茶盐司提举、漳州知州、潭州知州、湖南路安抚使等地方官。也曾入朝任焕章阁待制兼侍讲（宁宗皇帝的老师），但历时仅 46日，因受权奸韩侂胄的排挤而被免职返乡。朱子晚年定居建阳考亭。庆元年间，朱子遭受"庆元党禁"的迫害，被打成"伪学党魁"。庆元六年（1200），朱子在蒙冤和疾病交加中去世，享年 71 岁。朱子逝世后才得以平反，宁宗赐谥"文"，理宗追封信国公，又改徽国公，后世称朱子为文公。

　　朱子在从政路上，清正不阿，勤政为民，政绩斐然。但屡屡得罪当朝权奸，屡屡请祠赋闲，这反倒成就了他走上了著述讲学之路，成为流芳百世的思想家、教育家。他集先秦孔孟儒学和北宋周张程理学之大成，融合儒、释、道三教，建构了包容自然、社会、人生的整体性、系统性的理学思想体系。他的学说对于身后七百余年的中国以至东亚的政治生活、文化结构、伦理道德、风俗习惯以至生活方式都产生了重大影响。南宋著名爱国诗人辛弃疾赞："历数唐虞千载下，如公仅有两三人。"近代国学大师钱穆先生称："在中国历史上，前古有孔子，近古有朱子。此二人，皆在中国学术思想史及中国

— 1 —

文化史上发出莫大的声光,留下莫大影响。旷观全史,恐无第三人堪与伦比。"

南宋绍熙三年(1192),朱子迁居考亭,在住宅之侧盖小书院,初名竹林精舍,后更名为沧洲精舍。朱子晚年发下"永弃人间事,吾道付沧洲"之宏愿,专心致志坚守在考亭。他在这里著述立说,完成了一篇篇理学名著;他在这里开堂讲学,培育了一批批拔尖人才;他在这里吟诗会友,留下了一桩桩经典佳话。沧洲精舍伴随朱子走过生命最后的八年时光,也见证了朱子创立考亭学派,登上理学巅峰的辉煌。

朱子逝世后,黄榦依照恩师的嘱托执掌沧洲书院,继续著述讲学,弘绪道统。淳祐四年(1244),宋理宗诏改沧洲精舍为考亭书院,并赐御书额,考亭书院之名,由此开始并沿用至今。八百多年来,考亭书院从私家精舍到官办书院再到公立学校,历经沧桑,几经废兴,虽说是断断续续,但总也是薪火相传。

新中国成立后,由于交通不便,考亭书院(民国后改为考亭学校)失去了办学功能,成为集体储粮仓库。1966年,因修建考亭溪水库电站,考亭书院旧址被淹入水下,只留下门前的恩荣牌坊立在水中,后被移至玉枕山麓。进入新时代,在南平市委、市政府和建阳区委、区政府的领导下,考亭书院于2018年朱子888周年诞辰之际重新建成了。这一弘扬中华优秀传统文化的壮举,得到了闽北人民的热烈拥护,也受到了海外人士的一致好评。

考亭书院建成开放后,成为建阳一道亮丽的风景线,海内外各方人士和游客纷至沓来。为了让人们更多地了解考亭书院悠久的历史,更深地品味考亭书院丰富的内涵,更好地弘扬考亭书院灿烂的文化,谨以答问和选读的形式推出这本册子,以飨读者。

目　录

考亭书院答问

朱子经典著述选读

考亭书院史籍

考亭书院答问

考亭位于何地

　　考亭位于福建省南平市建阳城区西南,古代属建阳县群玉乡三桂里。这里山明水秀、地灵人杰,是一块风水宝地。

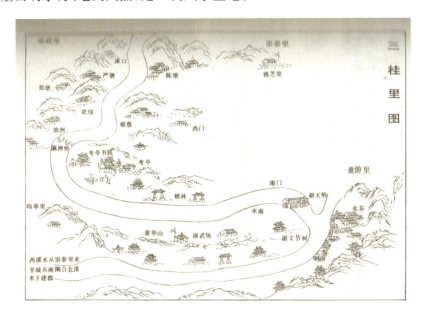

三桂里

　　考亭的地名源于一座亭子。据传说,唐朝末年,有建阳名士葬父于此地。为志孝,特地在溪岸建一座亭子,以望先垄,题名"望考亭",后来逐步演化成地名"考亭"。元初理学家熊禾曾就此题诗《望考亭》:"世间几扁亭?何此独不朽。情知任理人,名义关宇宙。我闻黄端公,祭亭此云构。旷世有相感,怀哉韦斋叟。"①

---

　　① 朱世泽编:《考亭志》,福州:海峡书局,2015年,第270页。

考亭山川景色秀丽,文化积淀深厚。这里青山环抱,群峰林立。坐落在北面的玉枕峰,高峻横亘,形如玉枕,故而朱子将其命名为"玉枕"。

玉枕峰

坐落在南面的翠屏山,四时葱郁,貌如屏障,朱子将其命名为"翠屏"。

翠屏山

东面有狮子山,状若猊狮,雄踞水口。西面有玉尺山,山势盘绕,形如曲尺。此外,境内还有罗汉山、瓮牖山、勒马山、覆釜山,岩磊奇崛,形态各异,蔚为壮观。

这里绿水环流,洲潭相间。穿流而过的麻阳溪,发源于武夷山麓,流经建阳130多公里,汇入闽江,注入大海,被称为建阳的母亲河。麻阳溪水波清澈,蜿蜒湍流,或浅或深,浅处露滩,深处成潭。古时,考亭书院门前有一深潭,被称为书院潭。静深宁蓄,泠泠可鉴。20世纪60年代,麻阳溪西段被拦腰截断,修建成电站水库。现今书院潭变成了人工湖,为缅怀朱子,人们管它叫文公湖。

麻阳溪考亭文公湖湾

书院潭岸边有一洲,原名龙舌洲,朱子将它更名为沧洲。朱子曾赋一首《水调歌头·沧洲歌》。词曰:

富贵有余乐,贫贱不堪忧。谁知天路幽险,倚伏互相酬。请看东门黄犬,更听华亭清唳,千古恨难收。何似鸱夷子,散发弄扁舟。

鸱夷子,成霸业,有余谋。收身千乘卿相,归把钓鱼钩。春昼五湖烟浪,秋夜一天云月,此外尽悠悠。永弃人间事,吾道付沧洲。①

在考亭溪上游有瀛洲,下游有鲤鱼洲。在狮子峰下的鲤鱼洲,溪中涌起沙岛,形如"上水鲤鱼",现已淹入水库湖底了。

古时候,在考亭的西溪上有三座桥。在大井陇口的景贤桥,号称"溪山第一桥",可惜早已废弃。在考亭书院外的沧洲桥,宋代所建,元末被洪水冲毁,明洪武八年(1375)重建。建阳知县薛宗铠题写桥联:"日往月来望源头之活水,天长地久付吾道于沧洲。"

在瀛洲的瀛洲桥流传着朱子送别蔡元定的一曲骊歌。宋庆元三年(1197),在韩侂胄的把持下,朝廷将道学打成伪学。朱子被列为"伪学魁首",追随朱子左右的蔡元定被冠以"佐熹为妖"的罪名流放。朱子冒着寒风,率一百多位学子扛着酒坛来到瀛洲桥为蔡元定饯行。大家列坐在瀛洲桥,举杯把酒,尽诉衷肠,其情景极为悲壮。蔡元定更是感慨万千,他接过恩师的送别酒,举盏一饮而尽,然后仰天长笑。

蔡元定别后到流放地不久就客死他乡。朱子闻讯后,又一次来到瀛洲

---

① 朱熹撰:《朱文公文集》,上海:商务印书馆,1936年,第560页。

瀛洲桥

桥凭吊蔡元定。朱子立于桥上,遥望西天,不禁老泪纵横。

　　在崎岖的步道上遇水架桥,遇坡盖亭,这是古代中国人交通建设史上的创举。历史上,考亭一带不仅有名桥,而且也有名亭,最著名是望考亭和聚星亭。望考亭前面已做了介绍不再赘述。聚星亭也是很有故事的,北宋庆历年间,韩琦任扬州太守。那年春天,扬州官署一盆特别的芍药开花了,有一枝头上竟然花开四叉,而且红色花瓣中间的一段呈金黄色,宛如"金带缠腰"。韩琦兴奋不已,立即吩咐设宴,按照花叉之数,邀请三位好友同来赏花。酒筵间还将"金带缠腰"的四朵芍药分给四人,这四人中,除了韩琦,还有时任监郡官的王圭、任幕职的王安石、任大理寺丞的陈升之。这四人都先后拜相,真应了"金带缠腰"之说。陈升之是建阳考亭人,他晚年隐退回到故乡,在溪山之间盖了一座亭榭,取名聚星亭。"聚星"源于陈氏先祖的一个典故:汉代的陈太丘曾率三个儿子去造访荀淑。荀家八个儿子随父出迎,相会的两代十三人,相聚甚欢。这十三人都是道德高尚者,因此这次聚会被世人称为"德星相聚"。陈升之用聚星名之,以彰显先祖的荣耀。该亭中更毁塌,

5

陈升之的后人陈总龟邀请朱子帮助重建聚星亭,朱子欣然答应了。朱子除了指导筹建,还找来画工绘制亭内的屏风,亲自为画屏题写了赞词,这是朱子生命最后时光留下的文字之一。宋庆元六年(1200),聚星亭重建落成,朱子应邀出席庆宴。酒过三巡,朱子即兴吟诗一首:

> 适亲德范仰循循,遽喜名章肆笔成。
>
> 剩说台高今胜昔,极知星聚暗还明。
>
> 当家翰藻争春丽,上客词源彻底清。
>
> 更共邻翁闲指点,千峰环合水无声。①

古时候,考亭一带的寺庙不少。最负盛名是唐代所建的白云寺,原名白云崇果院,宋天圣年间重修时改为白云寺。唐宋时期,在考亭路口的白云寺香火很旺,往来的人很多。朱子的父亲朱松到建阳也曾驻足白云寺,还留下一首诗:

> 剥啄浑无去客嗔,丁宁招唤只怀人。
>
> 南风殿角凉如水,来洗眼前朱墨尘。②

朱子迁居考亭后,与比邻的白云寺方丈过从甚密,相敬如宾。白云寺早年已废。

南宋以来,自朱子卜居考亭,创建沧洲精舍,这里就成为文人墨客向往的风景名胜之地。明万历《考亭志》记载了"考亭八景",并一一配诗。

书院贤关

> 昔为讲道所,今作大贤关。
>
> 宫墙休外望,神领想真颜。

> 圣道心传自杏坛,斯文正印炳如丹。
>
> 崇儒御墨金辉笔,万古宫墙仰凤鸾。

鹫峰梵宇

> 鹫岭行修苦,养成色相余。
>
> 如来坐金阙,吾亦广吾居。

---

① 朱世泽编:《考亭志》,福州:海峡书局,2015 年,第 105 页。
② 朱松:《韦斋集》。

— 6 —

禅林宝刹傍亭西,佛氏谈空善莫欺。
莫道三生无世劝,钟声清夜超群迷。

玉枕团云

山势形如枕,岿然一玉屏。
西来钟瑞气,乐土藉山灵。

崔嵬形势耸坤垠,云气氤氲渺瑞云。
一自紫阳栖托后,千年屏玉枕斯文。

翠屏蘸水

翠屏立四极,山下碧潭清。
临流翻倒影,鱼鸟任升沉。

翠葎前峰剩翠青,芊芊莎莎静山灵。
弥朝倒影西来水,岸口波心两画屏。

天马腾空

天马南来骤,空群不就缰。
吾才亦骐骥,乘尔顿骞场。

山如骐骥势南翔,璧树琼林绕尚方。
伯乐群空之顾后,飞腾云汉焕天章。

龙洲飞雨

沙汀傍滨渚,老圃日交锄。
雨露应时若,桑麻与日舒。

桑麻葱郁遍沧洲,雨露时和鼓暖游。
漫待秋风梨快熟,农家富贵故封侯。

匙涧寒泉

古刹穿崖井,泉甘冽齿寒。
细流看不尽,赴海助波澜。

岩窦泉甘彻底浏,涵星漾月落花浮。
潺潺泻出沙湾外,直与伊珠一处流。

狮岩芳林

西入渊源路,丹崖碧树稠。
不知谁作主,万古一儒流。

步入溪山第一桥,苍崖古木接云霄。
鲤鱼洲下碧潭寂,浩浩长江日夜流。

在考亭八景中,匙涧寒泉、狮岩芳林两景因修通公路和建设水库现已无存。书院贤关、鹫峰梵宇、玉枕团云、翠屏蘸水、天马腾空、龙洲飞雨等各景至今仍可领略,甚幸。

朱子晚年因何卜居建阳

　　朱子的童年一直是居无定所的,刚出生时逢战乱,随父母颠沛流离,辗转于尤溪、古田、政和之间。战乱后,朱熹的父亲朱松奉调晋江石井镇,担任首任镇监,一家人随朱松到晋江住了两年。后因老母程夫人病故,朱松辞职奉孝,一家人又返回政和。朱松丁忧期满,奉调进京任职,历任著作郎、吏部郎。进京前,朱松先将朱熹母子安置在浦城仙阳,数月后才接到京杭。家刚安顿下来不久,朱松因为与同僚上章反对向金称臣议和,触怒了高宗和奸相秦桧,于是被贬出京城,到江东路饶州任知州。朱松觉得心灰意冷,自请赋闲,回到福建,寓居建州环溪书院。只到此时,朱松带着一家子才停止了奔波,开始了正常的居家生活。

　　好景不长,绍兴十三年(1143),朱熹才十四岁,父亲就重病不起。朱松临终前将朱熹母子托付给崇安县五夫里的刘子羽。刘子羽(1086—1146),字彦修,曾任都督府参议军事,著名的抗金爱国将领。朱松与刘子羽虽各居文班武列,但志趣相投,为同朝好友。刘子羽也是因为反对秦桧议和而遭罢免,归隐故乡。刘子羽不负好友重托,视朱熹为义子,悉心照料,专门整修了五间瓦房供朱熹母子居住,还提供一块菜地和半亩池塘给朱家,使之有圃可蔬,有池可鱼。朱熹终于有家了,他为这座院子取名"紫阳楼",以示不忘祖先出自徽州紫阳山。朱子在紫阳楼一住就是四十八年,在这里求学成长,婚配成家,登仕成才,著述讲学。五夫实乃是朱子的成长、成家、成才、成就之地,然而朱子晚年却因一番变故而决意离开五夫。

　　南宋绍熙二年(1191),朱子正在漳州知州的任上整肃纲纪,勤政为民,施展抱负之际,忽然接到长子朱塾病逝于婺州(今金华)的噩耗。朱子膝下有三男五女(其中二女夭折),三男朱塾、朱埜、朱在。朱子对长子朱塾尤寄厚望。朱塾,字受之,生于绍兴二十三年(1153),从小聪慧活泼,深得祖母的疼爱。可是随着年龄的增长,朱塾却变得懒散起来。朱子见其屡教不改,于是决定效仿"孟母三迁"、"易子而教",将朱塾远送到浙江,交给好友吕祖谦

五夫紫阳楼

管教。临行前，朱子还连夜写了《训子从学帖》。帖中特别嘱咐，除了礼敬先生之外，切记"勤谨"二字。强调：勤就是要抓紧时间，不能因闲谈而耽误学习；谨就是要求言谈举止和待人处事都须符合道德规矩。可谓谆谆教诲、循循善诱。朱塾到浙江后果然变了样，在大儒吕祖谦的教导下，朱塾德才皆大有长进，不久登上仕途，担任将士郎。然而朱塾正当年富力强，大有作为之时，却英年早逝。这不啻为晴天霹雳，令朱子悲痛万分。

古言道，人生有三大喜：洞房花烛夜、金榜题名时、他乡遇故知。人生也有三悲：少年丧父、中年丧妻、老年丧子。朱子的人生三喜是经历了的：十八岁与恩师刘勉之女儿成婚，次年赴京科考中进士，返程经浙西结识终身好友吕祖谦，三喜齐全。然而人生的三悲朱子也遭齐了，他十四岁父逝，四十七岁妻亡，如今六十三岁长子殁。白发人送黑发人，这是何等的悲哀？朱子即向朝廷奏表请辞。古代为官者因父母亡而请辞丁忧是常理，然而朱子为子亡而请辞超乎寻常，足见朱子对长子朱塾病亡的悲痛之深、倾情之切。朱子请辞获准后，即匆匆从闽南的漳州赶回闽北的五夫，料理长子的后事。他回到五夫里的紫阳楼，不由思绪万千。在这里，与他相依为命的母亲祝夫人病逝，离他而去。在这里，他迎娶恩师刘勉之女儿刘清四为妻，夫妻相濡以沫三十载，爱妻却中途撒手人寰。也是在这里，长子朱塾呱呱坠地，在长辈的哺育下长大成才，登仕任职，如今却又英年早逝。睹物思人，越发悲痛不已。于是朱子决意离开五夫，告别紫阳楼，另外择地安居。在选择晚年定居之地时，朱子心无旁骛地锁定了建阳。

朱子之所以选择建阳作为定居之地，绝非一时心血来潮，而是久有的心志的。最早可以追溯到朱子的少年时代。朱子少年时曾跟随父亲朱松从建州到建阳,途经考亭时,朱松看到考亭山川秀丽,景色宜人,不由感叹:"此地溪山清邃,他年可以卜居。"父亲的心愿,朱子一直牢记在心。青年时期,刚满十七岁的朱子参加建州乡贡考试中举。按当时的规定,凡参加科举考试者都必须由本人填报籍贯。朱子虽然家居崇县安五夫里,但亲笔填写的籍贯却是"建阳县群玉乡三桂里"(即今日之考亭村)。

时值中年,朱子的老母亲祝夫人逝世。朱子商请蔡元定协助在建阳境内寻找一块合适的葬母之地,先后花了三个月的时间才将墓地选定在建阳崇泰里太平山北寒泉天湖畔(今建阳区莒口乡马伏村境内)。祝夫人墓背靠秀拔的太平山峰,面对清澈的寒泉天湖,被后人称为"仰天湖穴"。

寒泉天湖祝夫人墓

步入壮年,朱子的结发之妻刘清四病亡。为了给亡妻择地安葬,朱子又一次把目光投向建阳,仍商请蔡元定协助选址。朱子对知书达理、温良恭俭的妻子感情笃深,曾诺言:"生不同时,死亦同穴。"所以朱子心里明白,此时为亡妻选择墓地,其实也是为自己选择终老之时与妻合葬的长眠之地。经过多方考察,反复比选,最终将刘氏的墓地定在建阳唐石里大林谷(今建阳区黄坑镇后塘村境内)。

朱子在祭扫亡妻刘氏墓时,曾作诗《唐石雪中》,寄托哀思:

黄坑朱子墓

> 春风欲动客辞家，霖潦纵横路转赊。
>
> 行到溪山愁绝处，千林一夜玉成花。[①]

进入晚年，朱子又痛失爱子朱塾。在安排运柩回故里安葬时，朱子再一次把目光投向建阳，还是商请蔡元定协助择在建阳崇泰里（今莒口社州），建墓安葬。朱塾的墓地与他的祖母祝夫人墓地相距不远。祝夫人生前十分疼爱长孙朱塾，如今让祖孙二人在另一个世界就近相伴，从中也可见朱子的一番苦心。

历经这么多年，这么多事，朱子卜居建阳意愿愈加强烈。他边料理朱塾的后事，边开始筹划迁居建阳。朱子先是暂居在建阳童游桥头巷，接着着手寻找安居之处，最终是遵照父亲的遗愿选在考亭。况且，考亭离岳父刘勉之的故居萧屯草堂很近。萧屯草堂是他的恩师刘勉之晚年的居所，也是他与爱妻刘清四常去探望的地方。靠近萧屯草堂而居，或许能给朱子晚年的生活增添几分青年时代美好的记忆。朱子一生清廉，家资不绰，只在考亭购得几间旧房，略加改建以做新居。

---

① 朱熹撰：《朱文公文集》，上海：商务印书馆，1936年，第425页。

莒口社州朱塾墓

  南宋绍熙三年(1192),朱子一家正式迁入建阳考亭。为此,朱子郑重地写下了迁居考亭告家庙文:"熹罪戾不天,幼失所怙。祗奉遗训,往依诸刘。卜葬卜居,亦既累岁。时移事改,存没未安。乃眷此乡,实亦皇考所尝爱赏而欲卜居之地。今既定宅,敢申虔告,以安祖考之灵。伏惟降鉴,永定厥居。垂之子孙,世万无极。"①

  此时的朱子心中或许有些许兴奋,更多的却是感慨。是啊!从少年立志、青年入籍、中年暂居、壮年许诺,时至暮年方才圆了卜居建阳之梦,朱子怎能不感慨万千。

  朱子终于如愿以偿,真正成为名副其实的建阳人了。朱子挚爱建阳,这座千年古邑也不负朱子。建阳历史悠久,置县于汉代建安十年(205),是福建省最古老的五个县治之一,居于闽北地理区位的中心。

  建阳物华天宝,特产颇丰,人称五嘉:盛产嘉禾(即稻谷),曾以"嘉禾"为县名;盛产嘉竹,黄坑的毛竹被称为"竹王";盛产嘉叶(即茶叶),小湖一带是水仙茶的发源地;善制佳酿,考亭红曲酒,香飘千年;善制嘉盏,水吉建窑曜变盏名冠天下。建阳地灵人杰,英才辈出,仅北宋年间就出了文状元叶齐,

---

① 朱世泽编:《考亭志》,福州:海峡书局,2015 年,第 99 页。

建阳朱子文化遗迹图

武状元熊安上,"程门立雪"的理学家游酢,刚正不阿的宰相陈升之等名士贤臣。建阳书香风雅,刻印业昌盛,宋代麻阳溪畔书坊林立,书市繁荣,成为全国的刻书中心之一,"建本之乡"饮誉中外。凡此种种,不胜枚举。正是建阳的优越生态环境和深厚的文化积淀,令朱子在学术发展上如鱼得水,如虎添翼。果不其然,在朱子晚年卜居建阳期间,全面构建了理学体系,形成了理学正脉的考亭学派。或许可以说,是建阳为朱子攀登上理学的巅峰铺就了最后一道阶梯。当然,朱子及考亭学派也成为建阳永远的骄傲。

朱子为何创建沧洲精舍

　　宋绍熙二年（1191），朱子决计卜居建阳考亭。初时他买了几间旧屋进行改建作为住宅之用。然而追随而来的门生越来越多，改建的住宅窄小容不下，于是又在住宅东侧新盖一座小楼。朱子在给友人的信中曾提及："今且造一小书院，以为往来干事休息之处，它时亦可藏书宴坐。"由此可知，朱子盖这座小楼的最初目的是作为接待往来门生之用的。绍熙三年（1192），改建的旧屋和新建的小楼全面完工了，朱子举家迁入新居，门生也相继来到小楼求学。顿时小楼变成了小小书院。因小楼后山有竹林，朱子将这小小书院命名为"竹林精舍"。

　　绍熙五年（1194），在朝廷的再三催促下，朱子离开考亭新居赴潭州任知州兼荆湖南路安抚使。当年秋，朱子又奉诏赴临安，任焕章阁待制兼侍讲。到了冬天，因受当朝权奸的排挤，朱子辞职归乡。这一年的春夏秋冬，朱子历经了大起大落，使他看清了当朝权贵的腐朽没落，感受到壮志难酬的无奈。由此，他也更加坚定了耕耘书院，寄希望于未来，"继往圣，开来学"的信念。

　　朱子返回建阳考亭后，对竹林精舍进行了扩建，形成了楼下楼上、前堂后院的格局，扩充了讲学、祭祀和门生食宿的场所。经过扩建，竹林精舍的空间更大了，办学的功能更齐了，容纳的门生更多了。这令朱子感到欣慰，随即将竹林精舍更名为"沧洲精舍"。朱子为何要做此更名呢？有人说是因为用沧洲地名来冠名，便于标识精舍所在的方位。也有人说以沧洲来冠名富有深意，沧者，碧绿之水。老子以水称德说："上善若水，水善利万物而不争。"孔子则视水为时说："逝者如斯夫，不舍昼夜。"这两位圣人从两个不同的视角诠释了水所具有的特性。以"沧洲"来冠名，更含有修身善德，只争朝夕的积极意义。这两种说法，不过是后人揣测，无据可考。但如果说朱子对"沧洲"情有独钟，则是确信无疑。沧洲的地名原来叫龙舌洲，是朱子迁居考亭后亲自更名为沧洲的。

又諭學者

書不記熟讀可記義不精細思可精唯有志不立直是無

著力處只如而今貪利祿而不貪道義要作貴人而不要

作好人皆是志不立之病直須反復思量究見病痛起處

勇猛奮躍不伏作此等人一躍躍出見得聖賢所說千言

萬語都無一字不是實語方始立得此志就此積累功夫

迤邐向上去大有事在諸君勉旃不是小事

刊四經成告先聖文

恭惟六經大訓炳若日星酉世作程靡有終極不幸前

遭秦火煨燼之厄後懼漢儒穿鑿之謬不惟微詞奧旨

沧洲精舍又谕学者

朱子晚年自号"沧洲病叟",在他写的《水调歌头·沧洲歌》中最后一句,就直言:"永弃人间事,吾道付沧洲。"

朱子一生与书院结下不解之缘,曾到过许多书院讲学,也曾管理过很多书院,还曾亲手创建或修复了不少书院。沧洲精舍是他亲手创建,亲自管理,亲身施教的最后一所书院。因此,朱子的书院建设思想和方法在沧洲精舍得以最全面的展示,也因此使沧洲精舍成为中国教育史上一座高耸的丰碑。

朱子创建沧洲精舍,首先确立办学宗旨,端正教育方针。隋唐以来,科举制度的建立和发展为书院的建设与发展注入了强大的动力,但也使书院教育逐渐偏离了正确的航向,沦为应对科考的跳板。

朱子对此痛心疾首,予以抨击。他在《白鹿洞书院揭示》的按语就尖锐地指出:"熹窃观古昔圣贤所以教人为学之意,莫非使之讲明义理,以修其身,然后推以及人。非徒欲其务记览,为辞章,以钓声名,取利禄而已也。今人之为学者,则既反是矣。"朱子在《建宁府建阳县学藏书记》中更是直接了当地批评:"而近世以来,乃有所谓科举之业者以夺其志。士子相从于学校庠塾之间,无一日不读书。然问其所读,则举非向之所谓者。呜呼!读圣贤之言而不通于心,不有于身,犹不免为书肆,况其所读又非圣贤之书哉!以此导人,乃欲望其教化行而风俗美,其亦难矣。"朱子认为这种应试教育是误人误国的。因此,朱子创办沧洲精舍时,把端正教育方针放在首位,勇于拨乱反正。

朱子特别强调:为学之要在于穷理修身,志向高明。他在《沧洲精舍又谕学者》中告诫诸生:"贪利禄而不贪道义,要作贵人而不要作好人,皆是志不立之病。直须反复思量,究见病痛处,勇猛奋跃,不伏作此等人。"朱熹一再勉励诸生立志"贪道义,做好人"。为此,朱子还专门写了《勉学箴》。

读好书

百圣在目,千古在心。妙者躬践,微者口吟。

说好话

莠言虚蔓,兰言实菱。九兰一莠,驷追不回。

行好事

圣狂路口，义利关头。择行若游，急行若邮。

作好人

孔称成人，孟戒非人。小人穷冬，巨人盛春。

方针决定航向。朱子端正教育方针，把"贪道义，做好人"确立为培养目标，从根本上革除时弊，开辟正道，为书院教育树立了标杆。

教材是书院教学之本。朱子极其重视教材建设，亲自选编教材。朱子撰写的著作，多数是作为教材之用的。有人说孔子是"述而不作"，朱子则是"注而不作"，其原因正在于两位教育家的著述主要用于教学。

朱子把四书及诸经列为书院主要的教材，这是一个伟大的创举。朱子在《沧洲精舍谕学者》中要求："将《大学》、《论语》、《中庸》、《孟子》、《诗》、《书》、《礼记》及程、张诸书分明易晓处，反复读之。"据就学于沧洲精舍的杨楫记载："先生平居教学者首以《大学》、《论语》、《孟子》、《中庸》四书，次而六经，又次而史传。"朱子耗费数十年的精力完成了《四书章句集注》，使之成为儒学最经典的教材，开创了中国经学史上崭新的四书经学局面。

四书集注

朱子在沧洲精舍除了全面完成《四书章句集注》的修订,还完成了《孟子要略》、《周易参同契考异》、《韩文考异》、《楚辞集注》、《仪礼经传通解》等著述,进一步丰富了教材建设。朱子利用建阳刻书业发达之便,刻印了大批著述,其中建本《四书章句集注》和《楚辞集注》流传最广。楚辞,是战国时期伟大诗人屈原创造的一种赋体。汉代的刘向把屈原的作品及后人"承袭屈赋"的作品编辑成集,名为《楚辞》,成为继《诗经》之后在中国文学史最具影响力的一部诗歌总集。然而《楚辞》产生的年代久远,文字深奥,后人难以读懂。朱子垂暮之年,眼见国家遭受外族之侵,民族面临危亡,却报国无门。自身蒙受"庆元党禁"之冤,更无处可伸。在这痛苦的煎熬和无比的愤懑中,朱子沉潜于为《楚辞》作注,借以抒发自己的爱国爱民情怀和忧思。朱子的《楚辞集注》成为研究《楚辞》的最佳善本,饮誉中外。

楚辞集注

在解决了为什么而教,教什么的问题之后,朱子还十分用心地解决怎么教的问题。他汲取先贤施教的经验,勇于开拓创新,形成一套行之有效的教学方法。

(一)指导自学

以自学为主是书院教育的通例,这是由于书院的成人教育性质所决定的。以自学为主绝非放任自由,关键在于指导,有无指导决定自学的质量。

朱子在指导自学上用心良苦,他在《沧洲精舍谕学者》中,举北宋苏洵发愤读书、自学成才的事迹为例,鼓励和指导学员自学。自学须自信自觉,还须得法。朱子根据自身的体验,对自觉的方法做了系统的传授。他指出:"为学之道,莫先于穷理。穷理之要,必在于读书。读书之法莫贵于循序而致精,而致精之本则在于居敬而持志。此不易之理也。"①沧洲精舍的门生辅广后来将朱子传授的自学方法归纳为六条,常被后世称为"朱子读书六法":

其一,循序渐进。朱子说:"凡读书,须有次序";"未得乎前,则不敢求其后;未通乎此,则不敢志乎彼。如是循序而渐进焉,则意定理明,而无疏易凌躐之患矣"。

其二,熟读精思。朱子认为:"泛观博取,不若熟读而精思。"他对熟读的要求是"使其言皆若出于吾之口",对精思的要求是"使其意皆若出于吾之心"。

其三,虚心涵泳。朱子指出,读书须虚心,"虚心,则见得道理明"。读书还须涵泳(即细细体会),"亦当涵泳常在胸次"。只有虚心体会,才能领悟先贤之言的"深长底意味"。②

其四,切己体察。朱子强调读书必须联系实际,"读书,不可只专就纸上求理义,须反来就自家身上推究",做到"穷理以致其知,反躬以践其实"。③

其五,着紧用力。朱子强调学习贵在坚持不懈,持之以恒,并用逆水行船来比喻自学:"为学正如撑上水船,方平稳处,尽行不妨。及到滩脊急流之中,舟人来这上一篙,不可放缓。直须着力撑上,不得一步不紧。放退一步,则此船不得上矣。"④

其六,居敬持志。朱子主张读书必须专心致志,"读书须收敛此心,这便是敬"。强调"为学须立志"、"立志不定……终不济事"。⑤

朱子读书六法是一个相辅相成的有机整体,成为自学成才的阶梯,很为后人推崇,广为流传。

---

① 《朱子全书》第 20 册,第 668 页。
② 黎靖德编:《朱子语类》卷十一,第 179~189 页,卷十九,第 434 页。
③ 朱熹:《四书章句集注》。
④ 黎靖德编:《朱子语类》卷八,北京:中华书局,1986 年,第 137 页。
⑤ 黎靖德编:《朱子语类》卷一一三,北京:中华书局,1986 年,第 2741 页。

（二）引导讨论

书院教学以自学为主，但并非排斥集体讨论。朱子认为："看文字，却是索居独处好用工夫，方精专，看得透彻。"朱子又认为："群居最有益……若是切己做工夫底，或有所疑，便当质之朋友，同其商量。"①说起来，索居独处与"群居有益"似乎是矛盾的，两者如何结合呢？从沧洲精舍找到了办法，这就是学生分组群居一室，白天各自去读书或集体去听课，晚上在寝室里开展讨论，相互交流，被称为"日观一书，夜叩所见"。除了引导学生自行交流讨论，朱子也时常在夜里深入到学生中间参与讨论。对此，沧洲精舍门生黄义刚有记载：先生召诸友到卧内，讨论为学之道和天理流行的关系。有时一个夜里问题讨论不定，第二天夜里接着讨论。据沧洲精舍门生叶贺孙曾记录："是夜诸生坐楼下，围炉讲问而退。"又录："贺孙再问前夜所说横渠圣人不教人避凶处吉，亦以正信胜之之语。"在座的方仕繇等同学发表了自己的看法。朱子听后不急于直接做出结论，而是顺着他们讨论的话题，提及诸葛诚之对吕不韦和董仲舒的褒贬，启发大家去更多地阅读，全面地思辨。由此可见朱子引导讨论是何等的用心良苦。

（三）教导讲学

沧洲书院的教学方法是指导自学结合引导讨论为主的，开堂讲学不是很多。这与现今的学校整天上课搞"满堂灌"是大相径庭的。即使开堂讲学，朱子也是重在释疑解惑，启发辅导，不搞"填鸭式"。朱子开堂讲学的方式有两种，一种是先将学生中的疑难问题汇总起来做统一解答。如《朱文公文集》卷七十四的《〈论语〉课会说》，就是根据学生在学习《论语》中遇到的问题，集中起来加以讲解。这种方式称为"会说"。另一种是"单说"，即由学生在课堂上发问，然后逐一作答。朱子不仅在考亭讲学采用答问形式，到外地讲学也是如此。绍熙五年（1194）十一月，朱子经过江西玉山，应知县司马迈邀请到县学讲学。朱子开场先讲一番孔孟为学之道，然后安排听众提问。有人问："《论语》以说仁为主，《孟子》却兼说仁义。仁是否是体，义是否是用？"朱子针对这一提问答疑解惑，解释了孔孟仁义的概念，阐述了二者之间的同异及相互关系，令听众感到大有收获。

---

① 黎靖德编：《朱子语类》卷一二一，北京：中华书局，1986 年，第 2931 页。

　　朱子讲学注意深入浅出,生动易懂。常用比喻来说明道理,如讲知行关系,用目与足来做比喻:"知行常相须,如同无足不行,足无目不见。"又如讲见明本心,以睡醒来做比喻:"人之本心不明,一如睡人都昏了,不知有此身。须是唤醒方知。"朱子还常以自己体验来教导学生,如讲读《孟子》,就以自身为例:"某自十六七岁时下功夫读书,彼时四畔皆无津涯,只是恁地着力去做。至今虽不足道,但当时也吃了多少辛苦,读了书。今人卒乍便要读到某田地,也是难要须积累着力,方可。"①这不只是讲学,而是言传身教了。

聚学图

(四)倡导力行

　　以往的官学存在的一大弊端就是理论脱离实际,知行二张皮,误人子弟。朱子主张知行相须,致知力行,认为:"学之之博,未若知之之要;知之之要,未若行之之实。"②又强调:"致知力行,用功不可偏。偏过一边,则一边受病。"③朱子把力行看作明理的最终目的,"故圣贤教人,必以穷理为先,而

---

①　黎靖德编:《朱子语类》卷一〇四,北京:中华书局,1986年,第2612页。

②　黎靖德编:《朱子语类》卷十三,北京:中华书局,1986年,第222页。

③　黎靖德编:《朱子语类》卷九,北京:中华书局,1986年,第148页。

力行以终之。"更把力行看作检验真知的根本标准，"人于道理不能行，只是在我之道理有未尽耳"①。朱子倡导的知行相须并重致知力行，不仅是教学方法的一大创新，更是理学认识论的一大升华。

朱子的讲学方法很丰富，除了以上诸方面，还善于因材开导，因势利导，个别辅导等。朱子使用教学的方法，其妙就在于一个"导"字。朱子真可谓是中国教育史上名副其实的导师。

由于朱子的巨大影响力，考亭沧洲精舍不仅是各方学人向往的问学殿堂，也是名噪一时的学术交流高地。许多政界名宦和学界名流相继来到考亭沧洲精舍访问。候任吏部尚书赵汝愚来了，他与朱子共议政事，商谈甚欢。福建提刑兼福建路安抚使辛弃疾来了，他向朱子问政，朱子赠言："临民以宽，待士以礼，驭吏以严。"永康学派创始人陈亮来了，他与朱子谈古论今，切磋学问二十余日。最妙的是三贤会，陈亮尚未离开时，辛弃疾再次来到考亭，三人成为莫逆之交。此时，陈亮诗兴勃发，为三人作赞，称朱子"体备阳刚之纯，气含喜怒之正"。辛弃疾也曾作诗称朱子"山中有客帝王师"。后来朱子被打成"伪学魁首"含冤去世，辛弃疾不惧禁忌赶到考亭吊唁，献上祭文："所不朽者，垂万世名。孰谓公死，凛凛犹生。"考亭永载朱子、辛弃疾、陈亮"三贤会"的千古佳话。

---

① 黎靖德编：《朱子语类》卷十三，北京：中华书局，1986 年，第 223 页。

考亭书院祭祀有何讲究

祭祀是古人表达信仰崇拜的主要方式。中国是礼仪之邦，中国古人信奉"神不歆非类，民不祀非族"，从上古时代就开始有祭祀活动。许多考古发掘出来的青铜器和陶器，多半与祭祀有关。祭祀二字，各有不同含意。祭字的上半部，左边是牲肉，右边是手，下半部是神，祭侧重的是向神灵汇报情况。祀字的左边是神，右边是巳，祀侧重的是向神灵表达愿望。中国古代宇宙观的主体是天、地、人，崇拜和祭祀的对象是天地和祖先。《史记·礼书》上称："上事天，下事地，尊先祖而隆君师，是礼之三本也。"在历史上，数周王朝最重祭祀。在周公的主导下，形成了严格的祭祀制度，构建了完备的礼制社会。

元圣周公

然而,到了周朝末年,春秋争霸,战乱不已,礼崩乐坏,令孔夫子痛心疾首。因此,他把"克己复礼"作为自己终身追求的目标。孔夫子克己复礼的追求被汉王朝接受了,汉代倡导礼制,推行祭祀圣贤。汉高祖过鲁时,以"太牢"祭祀孔子,开帝王祭孔之先河。汉武帝更是采纳了董仲舒提出的"罢黜百家,独尊儒术"的方略,将孔子列为国家祭祀的圣人。此后各地纷纷建孔庙,祭祀逐渐演变成封建王朝的一种礼制。各级各类学校也都设有礼堂,奉孔子为至圣先师,顶礼膜拜。

祭祀、讲学、藏书是书院的三大基本功能。书院自开创之初,祭祀圣贤就成为一项不可或缺的庄重活动。朱子十分重视祭祀圣贤,凡有功业要事,无不告先圣。如朱子初任泉州同安县主簿兼管县学事,他一到任,即为文告先圣。不久,县学建成经史阁,又告先圣。创立贤相苏颂祠,再告先圣。连开除县学的不良弟子,也告先圣。县主簿任满辞归,仍是不忘为文告先圣。

朱子一生创建、修复、管理过许多书院,总是把祭祀圣贤视为书院教育的大事。书院从唐至宋蓬勃发展,祭祀圣贤也伴随书院的发展而盛行。但过往的书院祭祀也存在着定位不高、定制不明、定式不清的问题。有的书院祭祀简单,流于形式;有的书院祭祀圣贤的配置过于随意,不合道统;有的书院祭祀程式过于草率,有失庄重。针对书院祭祀存在的问题,朱子在其管理、修复、创办的书院中都采取了拨乱反正、正本清源的举措。尤其在他晚年创办的考亭书院,更成为规范、提高、创新书院祭祀的试验田。

朱子对祭祀进行了系统理论研究,先后编撰了《仪礼集传集注》《仪礼经传图解》《仪礼释宫》《礼记解》《家礼》《祭礼》《二十四家古今祭祀》等等,形成了庞大的礼学体系。朱子以形而上之理来诠释礼,提出:"礼者,天理之节文,人事之仪则。"又指出:"礼只是理,只是看合当恁地。"对克己复礼做了诠释:"礼是自家本有底,所以说个'复',不是待克了己,方去复礼。"[1]强调仁与礼的密切关系,仁是修身本体,礼是修身功夫。修身要重敬的功夫,朱子认为:"敬字工夫,乃圣门第一义,彻头彻尾,不可顷刻间断。"[2]祭祀就在于使内心始终保持一种敬仰、敬畏、敬重,达到诚意正心。朱子从理学的高度把书院祭祀纳入礼制范畴,上升为修身养正的功夫。

朱子对书院祭礼的对象精挑细选,凸显追宗溯源,道统承绪,兼顾古今。

---

① 黎靖德编:《朱子语类》卷三十五,第911页,卷四十一,第1047页。
② 黎靖德编:《朱子语类》卷十二,北京:中华书局,1986年,第210页。

朱子在沧洲精舍主祀孔子，左右配祀颜子、曾子、子思、孟子，两侧从祀周敦颐、程颢、程颐、邵雍、张载、司马光、李侗。

至聖先師孔子

孔子（公元前 551—前 479年），名丘，字仲尼，鲁国陬邑人，是中国古代伟大的思想家、政治家、教育家、儒家道统的创始人。孔子在古代被封为大成至圣文宣王先师，万世师表。现代被列为"世界十大文化名人"之首。

颜子（公元前 521—前 481年），名回，字渊，鲁国人。颜子是好学仁人，最为孔子所赏识的门生，居孔门七十二贤之首，被封为复圣公。

孔 子

曾子（公元前 500—前 435 年），名参，字子舆，鲁国南武城人。曾子是孔子晚年的弟子之一，儒家学派的重要代表人物，参与编撰《论语》，撰写《大学》、《孝经》等，被封为宗圣公。

子思（前 483—前 402 年），姓孔，名伋，鲁国人。子思是孔子的嫡孙。受教于曾子，再传教于孟子，在儒家学派的发展史上占有承前启后的重要地位，被封为述圣公。

孟子（前 372—前 289 年），名轲，字号不详，邹国人。孟子从小接受母亲的严格教育，后师承子思，创造性地继承和发展了孔子儒学，形成孔孟之道，被封为亚圣公。

颜 子

曾 子

子　思

孟　子

周敦颐(1017—1073),又名周元皓,字茂叔,湖南道州人。周敦颐是北宋儒家理学的开山鼻祖,著有《爱莲说》、《太极图说》、《通书》等。后人整编《周元公集》,世称濂溪先生。朱子为濂溪周先生画像赞:"道丧千载,圣远言埋。不有先觉,孰开我人? 书不尽言,图不尽意。风月无边,庭草交翠。"①

程颢(1032—1085),字伯淳,河南洛阳人。程颢是洛学的代表人物,为北宋理学的奠基者。著有《定性书》、《识仁篇》等,世称明道先生。朱子为明道程先生画像赞:"扬休山立,玉色金声。元气之会,浑然天成。瑞日祥云,和风甘雨。龙德正宗,厥施斯普。"②

程颐(1033—1107),字正叔,河南洛阳人。程颐是程颢之弟,"二程"同为洛学代表人物。著有《周易程氏传》、《经说》等,世称伊川先生。朱子为伊川先生画像赞:"规圆矩方,绳直准平。允矣君子,展也大成。布帛之文,菽粟之味。知德者希,孰识其贵。"③

邵雍(1012—1077),字尧夫,河南林县人。邵雍是北宋著名理学家、诗人。著有《皇极经世》、《观物内外篇》、《先天图》、《渔樵问对》等,世称康节先生。朱子为康节先生画像赞:"天挺人豪,英迈盖世。驾风鞭霆,历览天际。手探月窟,足蹑天根。闲中今古,醉里乾坤。"④

张载(1020—1077),字子厚,陕西郿县人。张载是北宋著名的思想家、教育家,世称横渠先生。著有《正蒙》、《横渠易说》等。他的"为天地立心,为生民立命,为往圣继绝学,为万世开太平"之名言,被后世奉为"经典四句"。朱子为横渠先生画像赞:"早悦孙吴,晚逃佛老。勇撤皋比,一变圣道。精思力践,妙契疾书。订顽之训,示我广居。"⑤

---

① 朱世泽编:《考亭志》,福州:海峡书局,2015 年,第 102 页。
② 朱世泽编:《考亭志》,福州:海峡书局,2015 年,第 102 页。
③ 朱世泽编:《考亭志》,福州:海峡书局,2015 年,第 102 页。
④ 朱世泽编:《考亭志》,福州:海峡书局,2015 年,第 103 页。
⑤ 朱世泽编:《考亭志》,福州:海峡书局,2015 年,第 103 页。

周敦颐

程　颢

程　颐

邵　雍

张　载

司马光

司马光（1019—1086），字君实，陕州夏县人，北宋著名理学家、史学家，世称涑水先生。司马光留世著述甚多，主要有《资治通鉴》、《稽古录》、《涑水记闻》、《司马温文正公文集》等。朱子为涑水先生画像赞："笃学力行，清修苦节。有德有言，有功有烈。深衣大带，张拱徐趋。遗像凛然，可肃薄夫。"[①]

李侗（1093—1163），字愿中，福建南剑州（今延平）人，世称延平先生。李侗是南宋著名理学家，著有《李延平集》。朱子曾游学其门，并编撰了《延平答问》。朱子在《祭延平李先生文》中赞："猗欤先生，早自得师。身世两忘，唯道是资。精义造约，穷深极微。冻解冰释，发于天机。"

李 侗

朱子在沧洲精舍祭祀孔圣，配祀四位门人，从祀宋代理学先贤之举，开启了承绪道统，祭祀圣贤之先河，极大地影响了全国书院祭祀，也对此后的孔庙祭祀的排位产生了影响。

朱子逝世后，沧洲精舍更名为考亭书院。书院内的祭祀也发生了两大变化：

其一，明晰师承道统。在从祀的北宋与南宋先贤之间，加进了"程门立雪"的游酢（世称廌山先生）和杨时（世称龟山先生），还加进了既是杨时弟子，又是李侗老师的罗从彦（世称豫章先生），使道学南传，道统承绪的脉络更为明晰。

---

① 朱世泽编：《考亭志》，福州：海峡书局，2015 年，第 103 页。

游 酢

杨 时

其二，专设文公祠。在祠内祭祀朱子，初配祀黄榦，后加进蔡元定、刘爚、真德秀，也是四配。

游酢（1053—1123），字定夫，号廌山，福建建阳人，著名的理学家、教育家。曾任太学博士、监察御史、汉阳知军，濠州知州等职。师从程颢、程颐，重教兴学，创办了廌山书院，著有《论孟杂解》、《中庸义》、《易说》等。朱子称赞廌山先生："清德重望，皎如日星。流风遗韵，可以师世范俗。"

杨时（1053—1135），字中立，号龟山，南剑州将乐（今属三明市）人，著名理学家、文学家。曾任秘书郎、右谏议大夫、工部侍郎、龙图阁直学士等职，师从程颢、程颐。南归后潜心著述讲学，主要著述有《杨龟山先生集》、《二程粹言》、《三经义辨》等。朱子赞龟山先生："孔颜道脉，程子箴规。先生之德，百世所师。"

罗从彦（1072—1135），字仲素，号豫章，南剑州（今延平）人，著名理学家、诗人。曾以特科授博罗县主簿，后隐居罗浮山，潜心研学，志在"穷天地万物之理，究古今事变之归"。著有《语孟解》、《遵尧录》、《中庸说》、《春秋毛诗语解》等。罗从彦师从杨时，又教朱松、李侗，再传朱子，在理学发展史上占据承上启下的重要地位。

罗从彦

朱子对书院祭祀方式也十分考究。他在参考《五礼新仪》的基础上，与

诸生反复斟酌,撰写了《沧洲精舍释菜仪》,全文如下:

> 前期,献官以下盛服(今用深衣凉衫),掌仪设神座,用席,先圣向南,配位向西,从祀位东西向。设祀版于先圣位之右,设香炉、香案、香盒于堂中。设祭器于神座前,每位各左一笾(今用漆盘,实以脯果),右一豆(今用漆盘,实以笋菜)。设牺尊一于堂上东南隅(今以尾尊代),加勺、幂。设烛四于堂中,二于东西从祀位之前。设洗二于东阶之东(盥洗在东,爵洗在西)。桌一于洗东,桌上箱二(巾东爵西)。设献官位于堂下,北面,分奠者二人次之,诸生又次之,皆北向西上。及期,献官以下序立于东廊下,掌仪帅执事者升堂,实酒馔。赞者一人,引献官升堂,点阅,降,就堂下位。分典官及诸生各就位。赞者一人离位,少前,再拜讫,进立于主人之右,西向,曰:"再拜。"在位者皆再拜。掌仪、祝、司尊者皆升,掌仪立于东序西向,祝立于阼阶上,西向;司尊者立于尊南,北向。赞引献官诣盥洗之南,北向立,盥手,帨手,升,焚香,再拜,降。再诣盥帨如初。诣爵洗南,北向立,洗爵以授赞。升,诣尊所,西向立。赞以爵授献官,司尊举幂,酌酒。献官以爵授赞,俱诣先圣前。献官北向跪,赞跪授爵,献官执爵三祭,奠爵于笾之间,俯伏,兴,少立。祝诣献官之左,东向跪,读祝讫,兴,复位。献官再拜,次诣盥洗爵如初。洗诸配位爵讫,赞者以盘兼捧,升,酌,诣配位如初仪,但不读祝。献官复位。当献官诣配位酌献时,赞者二人各引分奠官分行东西从祀礼,盥洗以下并如配位之仪(东先西后)。分奠讫,复位。在位者皆再拜,退。

沧洲精舍首行释菜礼于绍熙五年(1194)冬,在祭祀活动中任"赞"的门人叶贺孙记载了全过程:朱子亲任主献官,"极其诚意"。祭祀活动既隆重而又简朴,既认真又生动。祭祀活动的最后,朱子即席开讲"为学之要",把祭祀与讲学紧密结合起来。

考亭书院的祭祀先贤活动一直延续到民国初年,后因书院改国立学校而中断了。现今在中华民族伟大复兴的新时代,考亭书院重新建成以来,祭祀先贤的传统得以弘扬。考亭书院每年秋季都举行祭祀朱子大典,海内外各方人士踊跃参与,盛况空前。祭祀朱子大典已被列为福建省非物质文化遗产。

2020 年考亭书院"朱子诞辰 890 周年祭祀大典"

何谓考亭学派

何谓考亭学派？著名学者张岱年认为:考亭学派指的是"南宋以朱熹为代表的学派。因朱熹曾侨寓建阳(今属福建),讲学地点在考亭,故名。主要人物有蔡元定、黄榦、蔡沈、陈淳等。朱熹思想渊源于北宋周(敦颐)、邵(雍)、张(载)、二程(颢、颐),集宋代理学之大成"①。因为考亭学派的代表人物及其学术成就主要在福建,故而又被称为闽学。考亭学派的学术水平达到了当时理论思想的最高峰,在中国古代思想文化史上占据重要的地位。其学术思想对福建文化、中国文化,以至对东亚文化都产生过深远的影响。

一、考亭学派的形成与发展

以朱子为核心的考亭学派主要是依托书院逐渐形成的,其学派冠名为"考亭",并非只限于考亭书院,而是有一个较长的形成和发展过程。大体可分三个阶段:成形时期、成熟时期、成就时期。

1. 考亭学派的成形期。乾道六年(1170),朱子葬母于寒泉坞,于此地建寒泉精舍。这是朱子亲自创建了第一所书院。淳熙二年(1175),又在云谷山建晦庵草堂,成为朱子亲自创建的第二所书院。朱子在寒泉精舍与晦庵草堂前后八年时间,专心致志,著述讲学。这期间朱子开始著述立说,正如束景南在《朱子大传》中所指出:"寒泉著述,砥砺理学之剑。"这是"朱熹生平学问大旨的确立,把他从二十余年驰心空妙之域拉回到脚踏'句读文义'的儒家实地中来,进入了他生平经学理学著作的旺盛期"。在寒泉期间,朱子完成的主要著作有:《太极图说解》、《论语精义》十卷、《孟子精义》十四卷、《资治通鉴纲目》五十九卷、《八朝名臣录》二十四卷、《程氏外书》十二篇、《伊洛渊源录》十四卷、《古今家祭礼》十六篇、《阴符经考异》一卷,还有与吕祖谦

① 张岱年主编:《中国哲学大辞典》,上海:上海辞书出版社,2014年,第438页。

合著的《近思录》。朱子在云谷晦庵草堂时间较短,加上这期间其发妻刘清四患病,故而论著较少,仅著有《西铭解》等。但云谷山的群峰云海,烟霞奇观,令朱子诗兴大发,留下了不少诗作,如《云谷二十六咏》《云谷杂诗十二首》《云谷次吴公济韵》等。朱子在寒泉与云谷期间完成的著述,为考亭学派的创立打下了理论基础。如《伊洛渊源录》,从师承关系上寻根溯源,远承孔孟,近接周程,确立了道统谱系。后人遂有"濂洛关闽,正脉相传"的说法。又如《近思录》,从义理上阐幽发微,确立了理学在儒家思想中的正宗地位。与此同时,朱子在寒泉精舍和云谷晦庵草堂讲学期间,其门下聚集一批崇尚理学的弟子群。先后在寒泉精舍和云谷晦庵草堂受学的弟子有蔡元定、许升、范念德、李宗思、吴楫、何镐、林用中、林允中、刘清之、詹体仁、刘燔、刘炳、杨方、方耒、方士繇、廖德明、冯允中、连崧、吴英、徐文臣、魏掞之、丘膺、刘尧夫、江默、朱塾、朱埜等人。这些弟子中有不少人既是接受朱子施教的弟子,也是参与朱子研学的学者,考亭学派由此呈现雏形。

2. 考亭学派成熟期。淳熙十年(1183)至绍熙元年(1190),朱子在其亲自创建的第三所书院——武夷精舍著述讲学。在武夷山九曲溪畔的武夷精舍,其规模远远超过寒泉精舍和云谷晦庵草堂,其影响更是声名远播,来自全国各地的学子纷至沓来。朱子门下的弟子群进一步壮大,其中除了原有的蔡元定、黄榦、刘燔、廖德明、江默等人,还有包定、包逊、包扬、包约、蔡沈、蔡渊、陈孔凤、陈孔硕、陈士直、陈文蔚、陈植、程端蒙、程洵、戴明伯、邓子礼、董铢、窦从周、方壬、傅诚、傅梦泉、郭浩、黄嚣、李从之、李方子、李格、李闳祖、李文子、李相祖、李壮祖、李云、刘镜、刘能、刘英、鲁可几、吕道一、马子严、潘柄、潘时举、潘友恭、潘植、丘玨、任希夷、时源、宋南强、宋之润、宋之汪、宋之源、汤沂、汤泳、唐晔、滕璘、童伯羽、汪季良、王洽、王遇、魏丙、魏椿、吴必大、吴浩、吴南、吴仁甫、吴寿昌、徐文卿、徐元震、徐昭然、杨道夫、杨楫、杨至、杨骧、游九言、游开、余大雅、俞庭椿、张洽、张巽、张宗说、赵蕃、赵纶、赵师渊、郑师孟、郑可学、郑昭先等数十人。这些人中有原先师从朱子的,也有一些原先是师从张栻、吕祖谦或陆九龄、陆九渊的门人。这八年期间,朱子的理学论著颇丰,撰写了《易学启蒙》《孝经刊误》《周子通书》《诗集传》《小学》等著作,还校勘了《书经》《诗经》等。朱子在此基本完成了《四书章句集注》的编纂,以四书学取代六经学,开创了中国思想文化史上的新篇章。这标志着朱子理学思想体系更趋成熟,也标志着考亭学派走向成熟。

3. 考亭学派成就期。考亭沧洲精舍是朱子晚年创办的最后一所书院。

从绍熙三年(1192)至庆元六年(1200),朱子寓居考亭书院,闻讯而来的学子数以百计,其门生除了寒泉精舍、云谷晦庵草堂、武夷精舍时期就已相随的弟子,新加入的还有陈淳、陈刚、陈光泽、陈萃、陈华、陈履道、陈希真、陈希周、陈朝瑞、陈仲卿、度正、辅广、范瑾、范元裕、符叙、傅定、胡安之、黄义刚、蒋叔蒙、李伯诚、李蕃、李燔、李辉、李季札、李梦先、李儒用、李唐咨、李维申、李文子、李友直、李约之、李云翰、梁谦、廖晋卿、林补、林成季、林赐、林恭甫、林贯之、林恪、林蒙正、林宪卿、林学履、林学蒙、林亚卿、林仲参、林子渊、刘成道、刘砥、刘居之、刘君房、刘席、刘源、刘子寰、陆深甫、吕焕、吕焘、吕炎、欧阳谦之、潘履孙、钱木之、任忠厚、邵汉臣、石洪庆、苏实、苏宣久、孙稽仲、孙自任、孙自新、孙自修、谭君、汤泳、陶安国、滕璘、滕仲宜、滕仲宣、万人杰、万人英、汪德辅、汪正甫、汪逵、王过、王汉、王岘、魏瑛、翁易、吴昶、吴伦、吴雄、吴泳、吴振、吴知先、吴稚、裴盖卿、向士伯、萧景昭、萧增光、辛适正、徐来叔、徐琳、徐容、徐寓、许闳、许俭、严世文、杨复、杨若海、叶贺孙、叶武子、叶湜、游敬仲、游开、游倪、余宋杰、余无意、余正甫、袁子节、曾极、曾兴宗、曾祖道、詹淳、张仁叟、张以道、赵崇度、赵崇遵、赵唐卿、赵惟夫、甄述祖、郑南升、郑师孟、周标、周朴、周季宏、周秀俨、周介、周李卿、周良、周明仲、周明作、周震亨、周庄仲、朱飞卿、朱季绎、朱在、祝穆、祝癸等人。这些来自四面八方的新老学子聚集于考亭,虽是地域不同,年龄不同,仕履不同,但都是满怀求知的渴望投奔到朱子门下,以聆听先生教诲为荣。虽然因朱子晚年遭受庆元党禁的政治迫害,有一部分学子另择师门,也有的隐姓埋名,没有在考亭书院留名。但仍有一大批学子毫不畏惧政治压力,坚定不移地追随朱子,坚守理学信念,最后成为考亭学派的中坚力量。朱子在沧洲精舍后期遭受了蒙冤和患病的双重折磨,仍不改初心,先后完成了《孟子要略》《韩文考异》、《资治通鉴纲目》、《周易参同契考异》、《太极通书义》、《诗集传》、《易学启蒙》、《楚辞集注》著作,尤其是完成了《四书章句集注》的最后修订刻印,令考亭学派的学术成就达到顶峰。

二、考亭学派的核心与精英

考亭学派是因朱子而创立的,自然是以朱子为核心。正如钱穆先生所说:"朱子融合理学于经学,又确定伊洛为上承孔孟之道统,厥功之伟,端在其定为四子书,而又为之作集注与章句……更为于中国学术史上有旋转乾坤之大力。"①朱子系统地提出"理"为宇宙之本体的"理本论",心统性情的"心性论"、"格物穷理"的认识论,忠孝廉节的价值观,构建了博大精深的理学体系。而且上承道统,下传义理,培育了众多栋梁之材。在朱子的周围聚集一大批理学的精英,主要人物有:

蔡元定(1135—1198),字季通,号西山,建阳人。蔡元定比朱子小五岁,他从学朱子时,已是中年,而且学问底子不薄。因此,朱子认为无论从年龄还是从学问上看,都应视为同道之友,"不当在弟子之列"。然而蔡元定仍是坚持拜朱子为师,而且从五夫里紫阳书堂开始从学,历经寒泉精舍、云谷晦庵草堂、武夷精舍和考亭沧洲精舍,前后四十年,从未中断。蔡元定与朱子相处最久,相契最深,也是朱子最得力的助手。蔡元定学识渊博,学术精湛,精通易学和音律,著有《律吕新书》、《太衍评说》、《八阵图说》、《燕乐原辨》、《皇极经世指要》、《太玄潜虚指要》、《西山文集》等。还参与了朱子的多部著作的编纂和修订。蔡元定在庆元党禁中受迫害而遭流放,最后客死他乡。朱子悲痛万分,专门作《祭蔡季通文》。蔡元定逝世后得以平反,赠太子少傅,谥文节。

蔡元定

黄榦(1152—1221),字直卿,号勉斋,闽县(今闽侯人)。黄榦是朱子最得意的门生,以至将爱女朱

黄　榦

①　钱穆:《朱子新学案》第四册,第226页。

兑许配给他。黄榦自淳熙三年(1176)投奔五夫里,开始师从朱子,直至庆元六年(1200)朱子在考亭沧洲精舍终老,始终追随在朱子左右。朱子临终前将自己深衣和未竟的著述托付给黄榦,黄榦不负重托,不仅完成了朱子尚未完成的《礼书》的编纂,而且留守沧洲精舍讲学。同时,还在考亭撰写《竹林精舍祠堂讲义》和《朱先生行状》,高度评价朱子"绪道统,立人极,为万世宗师"。嘉泰二年(1202)之后,黄榦先后任过监嘉兴石门酒库、江西临川县令、新淦县令、安徽安庆知府、广东潮州知府等职。晚年辞官回乡,创办了潭溪书院和环峰书院,往来于建阳与福州,专事讲学,阐扬朱子理学,成为朱子理学最重要继承人。

刘爚(1144—1216),字晦伯,号云庄,建阳人。绍兴二十八年(1158),刘爚与胞弟刘炳到五夫里紫阳楼拜朱子为师,接着又到寒泉精舍求学。乾道八年(1172)进士及第,曾任官山阴县主簿、汀州连城县令。朱子在漳州时,将刘爚调到身边,协助行经界。后改知闽县。庆元党禁时,刘爚不满奸臣弄权,请祠回建阳,筑云庄山房研究理学,时常到考亭拜访朱子,酬唱之作甚多。嘉定元年(1208),刘爚复职,知德庆府,后提举广东常平。次年,刘爚奉诏入朝,先后任吏部郎中、国子司业。他上殿奏乞开伪学禁,并请刊行《四书章句集注》为

刘　爚

学宫教材,还将朱子制定的《白鹿洞学规》颁示于国子监和太学,从而为朱子理学正名并从民间走向官学铺平了道路。此后,刘爚还先后担任刑部侍郎、权工部尚书兼太子右庶子。嘉定九年(1216)刘爚逝世,谥文简。其传世著作有《四书集成》、《易经说》、《经筵故事》、《东宫诗解》、《云庄外稿》、《云庄续稿》等。刘爚是朱子理学的重要传人和忠诚的卫士。

蔡沈(1167—1230),字仲默,号九峰,建阳人,蔡元定之子。幼承家学,稍长师事朱子,为朱子晚年最有成就的弟子之一。蔡沈博览群书,潜心研

学,视功名如草芥。蔡沈遵照父训,在建阳崇泰里庐峰山麓建大明堂(即庐峰书院),寒窗夜灯,著述立说。历经十载撰成《洪范皇极内篇》,论述天地变化和理学体用等问题。同时,受朱子之托,著成了《书集传》,简明诠释《尚书》以得帝王谟诰之旨。此书后来被列为官学的教材之一。蔡沈理学修养深厚,其门下弟子众多,人才济济。宋理宗赞:"蔡沈纲维吾道,羽翼正传。"追赠太师永国公,谥文正。

陈淳(1153—1217),字安卿,号北溪,漳州龙溪县人。陈淳是朱子在绍熙元年(1190)漳州知州时收下的得意门生,朱子曾以"穷究根源"勉之。庆元五年(1199)冬,陈淳专程到考亭向朱子求教。朱子又以"下学工夫"勉之。朱子逝世后,陈淳在《奠侍讲待制朱先生》祭文中表示:"呜呼!而今后有疑无复质矣。但日诵遗编以自考,而无严训之意。"他继承先生遗志,潜心著述讲学,著有《北溪字义》、《论孟学庸义》、《小学诗礼》、《女学》、《礼解》等。陈淳学术纯正,造诣精深,阐发师说,深得朱子理学真传。

蔡 沈

陈 淳

考亭学派的精英还有詹体仁、廖德明、李方子、杨复、陈文蔚、陈宓、林择之、叶贺孙、张洽、辅广、陈植、度正、包恢、李燔、黄士毅等,可谓群星灿烂。

三、考亭学派的传承和影响

以朱子为核心的考亭学派及其理学思想体系致广大,尽精微,综罗百代,世代薪火相传。历代承绪考亭学派的代表人物不少,其中最为突出的有:

南宋末的真德秀（1178—1235）,字希元,号西山,浦城县人。真德秀早年从学于朱子的弟子詹体仁。庆元五年（1199）进士及第,曾任南剑州判官、太学博士、著作佐郎,尔后任知泉州、潭州、福州等,晚年入朝为户部尚书。端平二年（1235）,升任参知

真德秀

政事,进资政殿学士。不久病逝,谥"文忠"。作为朱子的再传弟子,真德秀致力于振兴和弘扬理学。其理学思想主要体现在《西山读书记》中,解读先贤经学,阐发义理。他在朝做侍读时曾将其中的《大学衍义》进呈理宗并逐章讲解。此后,《大学衍义》成为历代皇家书籍。他还在家乡创办西山精舍,讲学传道。

南宋的魏了翁（1178—1237）,字华父,号鹤山,四川蒲江人。曾师从朱子的门生李燔,庆元五年（1199）进士,曾任西川节度判官、国子正、武学博士、校书郎、起居舍人、潼州安抚使、福建安抚史、礼部尚书兼直学士院等职。他六十岁病逝,朝廷追封为太师,谥文靖,累封秦国公。魏了翁作为朱子的再传弟子,以继承和弘扬理学为己任,曾上疏请求朝廷获准给周敦颐、张载、

魏了翁

程颢、程颐赐封爵位,定立谥号。他著有《鹤山集》、《九经要义》、《周易集义》等,在考亭学派传承人中与真德秀齐名。

元初的熊禾(1247—1312),字位辛,又字去非,号勿轩,建阳人。曾师从朱子门人辅广。熊禾登咸淳十年(1274)进士,但誓不仕元,"遂束书入武夷山",创建洪源书院。熊禾十分敬仰朱子,将朱子的著述精选其要旨,编辑成《文公要语》,用于普及朱子理学。晚年回到家乡重建鳌峰书院,著述讲学,以奉先圣,承绪道统。著有《易经讲义》、《书说》、《三礼考略》、《四书标题》、《春秋通解》等。后人曾评价:"朱熹有功于圣门,熊禾有功于朱熹。"

明代的蔡清(1453—1508年),字介夫、号虚斋,晋江人,31岁中进士。历任礼部祠祭主事、祠事司员外郎,南京文选郎中、江西提学副使等职。其一生主要精力用于著述讲学。他有教无类,对贫困学生不收费,而且给资助,门下学子众多。他对朱子理学在继承中发展起到承上启下的作用。其著作主要有《四书蒙引》、《易蒙引》和《虚斋文集》等,逝世后虽未有谥封,但被列入孔庙从祀。

熊 禾

蔡 清

　　明末的黄道周(1585—1646),字幼玄,号石斋,漳浦县人。天启二年
(1622)进士,初任翰林院修撰、詹事府少詹事,累官至吏部尚书、兵部尚书、
武英殿大学士。因抗清失败被俘,壮烈殉国。后被追赠文明伯,谥"忠烈"。
黄道周虽经居武列,却精通天文地理,善于书画、诗文。他在遭贬返乡时,在
漳州办紫阳书院,致力于复兴儒学。他特别关注史学,主张"经史并重,以史
证经"。他对易学探索终身,晚年在狱中撰书《易象正》,强调易、历与律三者
合一。 他的著述内容很广,涉及经学、史学、理学、诗文、书画等多方面,主要
著作收集在《黄漳浦集》中,是明末理学复兴的主要推动者。

黄道周

李光地

　　清代的李光地(1642—1718),字晋卿,号厚庵,别号榕村,泉州安溪人。
康熙九年(1670)进士,历任翰林院编修、翰林学士、兵部右侍郎、直隶巡抚,
曾协助平定"三藩之乱",统一台湾,在治理河务方面也颇有建树,获得康熙
帝褒奖,御书"夙志澄清"匾颜。康熙四十四年(1705),任文渊阁大学士兼吏
部尚书。康熙五十七年(1718)病逝,谥"文贞"。李光地不仅在理政上政绩
斐然,在学问上也造诣深厚。他著作丰富,主要有《周易通论》、《历象要义》、
《四书解》、《古乐经传》、《诗所》、《注解正蒙》等。 尤其是奉旨编纂的《性理精

义》、《朱子全书》,经康熙帝御定颁行于学官,对理学的传承发展产生了重大作用,故而李光地被后世称为"理学名臣"。

以朱子为核心及其门下精英相承绪的考亭学派,在中国思想文化史上占据重要地位。正如钱穆先生所说:"自有朱子,而后孔子以下之儒家,乃重获新生机,发挥新精神,直迄于今。"①考亭学派的理学思想传播到海外,成为东亚文明的象征。

---

① 钱穆著:《朱子新学案》。

朱子缘何钟情于书院

书院兴于唐，盛于宋，经朱子倡导，书院得以规范化发展，在中国教育史上占据突出位置。

朱子之所以毕生钟情于书院，就在于他与书院的情缘极深。他既是书院教育的最大受益者，也是书院教育的最大贡献者，或许还可以说，朱子既是书院造就的文化巨人，也是引领书院的一代领袖。

一、出生于书院

论及朱子的书院情缘，不能不追溯到其父朱松。朱松（1097—1143），字乔年，号韦斋，政和八年（1118，即重和元年）进士，授政和县尉，在政和创办了星溪书院和云根书院。朱松不久调任尤溪县尉。建炎四年（1130）初夏，闽浙边区发生战乱，朱松携带身怀六甲的妻子祝五娘从政和来到尤溪郑氏草堂（即南溪书院）躲避战乱。这年秋天，朱子在书院的小屋里呱呱坠地，这令朱子的父母在艰难的书院寄居中悲喜交加，更令朱子在一生中难舍书院情缘。

当然，朱子之所以对书院一往情深，不仅因为有着出生于书院的记忆，还因为深受父亲朱松的影响。朱松是一位忧国忧民的理学家，也是一位传道重教的教育家。朱松出仕后所任的官职原本与教育都是不相干的，但他始终认为传道教化是施政的基础，因而每到一地，在做好本职工作的同时，也热心支持当地书院发展。他在任政和县尉时，亲自创办了星溪书院和云根书院；调任尤溪县尉时，依托郑氏草堂办书院。后任泉州石井镇监，更以极大的热情，在鳌头精舍（即石井书院）"选民之秀者，教以义理之学"。后因母亲程夫人去世，再度回政和丁忧守孝，三年期满，奉诏进京，历任秘书省著作郎、尚书度支员外郎、吏部员外郎等职。晚年因反对奸相秦桧议和，被贬出朝廷，赋闲在建州（今建瓯）寓居，仍不忘办环溪书院，传道讲学直至病逝。

朱子对父亲的重教传道十分尊崇,凡是父亲创办或修建的书院,他都多次前往拜访或去讲学。朱子晚年在建阳创建沧洲精舍(即考亭书院),特地撰写对联"佩韦遵考训,晦木谨师传",张贴于大门口,以明不忘父训师传的心志。

南溪书院

沧洲精舍

二、开蒙于书院

朱子幼年天性好学,颖悟庄重,很令父亲喜欢,寄予厚望。为此其父亲自担任启蒙老师。朱子开蒙教育始于石井鳌头精舍,朱松在《送五二郎读书》诗中写道:"洞洞春天发,悠悠白日除。成家全赖汝,逝此莫踌躇。"其中"洞洞春天发"讲的应是绍兴四年(1134)春天,朱子在父亲的带领下在石井鳌头精舍"开笔"入学的情景。然而刚刚"开笔"入学不久的朱子,却因祖母去世,只得随父母回政和守孝,住在政和星溪书院继续接受父亲的启蒙教育。此后,几经辗转,最后随父母到了建州,寓居在环溪书院。这期间在父亲的指导下,努力学习儒家先贤学说,同时,开始了诗文练习。朱子在书院接受启蒙教育很充实,也很精彩,广为流传的"朱子问天"、"朱子对诗"、"朱子画卦"都发生在开蒙阶段。其中最为人津津乐道的是"朱子问天"的故事:朱熹五岁那年的中秋节晚上,一家人在赏月,父亲指着天空告诉朱熹,上面是天。朱熹反问道:"天之上何物?"父亲虽难以回答,却欣喜在心:"此子或可望也。"[①]因此,倍加重视对朱熹的启蒙教育。然而好景不长,在朱熹十四岁时,其父因病去世,从而结束了蒙童时代的教育。

三、成长于书院

朱熹父亲临终前将他托付给崇安五夫里的刘子羽,同时安排他拜刘子翚、胡宪、刘勉之为师。朱熹到五夫后,先后就读于六经堂(即屏山书院),问学于文定书堂(即兴贤书院)。

号称武夷三先生的刘子翚、胡宪、刘勉之是朱松的同道好友,都是满腹经纶的理学家。他们不负朱松的重托,视朱熹为子侄,倾心施教。刘子翚亲自为朱熹取字"元晦",后在病逝前还特地赠"不远复"三字箴言;胡宪亲自用"微言大义"为朱熹讲解《春秋》。刘勉之对朱熹更是厚爱有加,不仅亲自给朱熹讲解理学名著《西铭》,用张载的"为天地立心,为生民立命,为往圣继绝学,为万世开太平"名言激励朱熹,还将爱女刘清四相许配。

---

① 赵模修,王宝仁纂:(民国)《建阳县志》卷十,第459页。

云根书院

兴贤书院

　　朱熹在武夷三先生的教导下,勤奋好学,立志高远,常以《中庸》中的"人一能之,己百之"和《孟子》中的"不可自暴自弃"警醒自己,曾写下了《不自弃文》:

夫天下之物，皆物也。而物有一节之可取，且不为世之所弃，可谓人而不如物乎？

盖顽如石而有攻玉之用，毒如螠而有和药之需。粪其秽矣，施之发田，则五谷赖之以秀实。灰既冷矣，俾之洗浣，则衣裳赖之以精洁。食龟之肉，甲可遗也，而人用之以占年；食鹅之肉，毛可弃也，峒民缝之以御腊。推而举之，类而推之，则天下无弃物矣。今人而见弃焉，特其自弃尔。

五行以性其性，五事以形其形，五典以教其教，五经以学其学。有格致体物以律其文章，有课式程试以梯其富贵。达则以是道为卿为相，穷则以是道为师为友。

今人见弃而怨天尤人，岂理也哉！故怨天者不勤，尤人者无志。反求诸己而自尤自罪，自怨自悔，卓然立其志，锐然策其功，视天下之物有一节之可取且不为世之所弃，岂以人而不如物乎！①。

功夫不负有心人，朱熹在书院系统地接受了先秦孔孟之道和北宋周程理学的教育，迅速成长起来。绍兴十七年（1147），年仅 18 岁的朱熹到建安应试，获举建州乡贡。次年，赴临安应试，中王佐榜第五甲第九十名进士。

四、著述于书院

朱子一生著述丰富，远超前人。他的绝大多著作都是在书院里完成的。

朱子最早的理学典籍《近思录》编写于寒泉精舍。淳熙二年（1175），浙江吕祖谦来到福建。吕祖谦（1137—1181），字伯恭，浙江婺州人，世称东莱先生，曾任直秘阁学士，是南宋著名的理学家、文学家，金华学派的掌门人。与朱子相聚于建阳寒泉精舍，共同研读北宋周敦颐、张载、程颢、程颐的论著二十七种，经反复梳理，汇编成日用的六百二十二条，以《近思录》命名成书，作为理学入门读本。这期间朱子还撰写了《太极图解》、《西铭解》、《论语精义》、《孟子精义》、《八朝名臣录》等论著，正如束景南先生所言："寒泉著述，砥砺理学之剑。"

朱子著述最多的书院则是武夷精舍。在这里，朱子除了讲学传道，更多的精力则用在著述立说上，这期间基本完成《四书章句集注》。此外，还撰写

① 清刻本《朱子文集大全类编》卷二十一，《庭训》。

了《易学启蒙》、《孝经刊误》、《小学》、《周易本义》、《诗集传》等。这些论著，尤其是《四书章句集注》的刊行，标志着朱子理学体系走向成熟。朱子曾在武夷精舍门前遥望天柱峰，感慨赋诗："屹然天一柱，雄镇斡维东。只说乾坤大，谁知立极功。"

武夷精舍

朱子著述的最后阶段是在沧洲精舍。朱子晚年以"永弃人间事，吾道付沧洲"自勉，在此期间完成许多论著的最后修正，还撰写了《孟子要略》、《通鉴纲目》、《仪礼经传道解》、《韩文考异》、《周易参同契考异》、《太极通书义》、《诗集传》、《易本义启蒙》、《楚辞集注》等著作。在沧洲精舍期间，朱子的理学体系更臻成熟，达到高峰，成就了考亭学派，影响南宋以后的中国以至东亚数百年。

五、会讲于书院

朱子一生热心教育，诲人不倦。朱子初仕同安县主簿期间，多次回母校鳌头精舍讲学论道。此后，这几成惯例，不管到何处任职都少不了到书院讲学。据初步统计，朱子先后讲学过或有联系的书院达六十七所，其讲学范围之大，授众之多，影响之深远，非前人可比。

鹅湖书院

朱子讲学形式多样，尤其是开会讲之先河。最著名的会讲当是朱张岳麓会讲和朱陆鹅湖会讲。乾道三年（1167）秋天，朱子应邀到潭州（今湖南长沙），与岳麓书院掌门人张栻展开会讲。张栻（1133—1180），字敬夫，后避讳改钦夫，号南轩，世称南轩先生。其学自成一派，是湖湘学派的领军人物，与朱子、吕祖谦齐名，时称"东南三贤"。朱子与张栻在岳麓书院就"中和"、"太极"等理论问题进行了深入的探讨。据《朱子年谱》记载："二先生论《中庸》，三日夜不能合。"足见当时学术讨论的激烈程度。八年后，淳熙二年（1175）夏天，应吕祖谦之约，朱子与陆九龄、陆九渊带着各自的学生相会于江西鹅湖，举行了成为千古佳话的鹅湖会讲。陆九龄（1132—1180），字子寿，世称复斋先生。其弟陆九渊（1139—1193），字子静，号存斋，世称象山先生。两人并称二陆，是宋代心学的开山之祖。朱子主张"格物穷理"，陆兄弟主张"明心见性"，双方展开辩论，虽然最终未能在为学之道上达成共识，但彼此都非常尊重和欣赏对方的求道精神。

朱子在鹅湖会讲结束后返回时,途经武夷山分水关,在隘口上写下了脍炙人口的诗篇:"水流无彼此,地势有西东。若识分时异,方知合处同。"①

六、建树于书院

朱子对书院的振兴与发展建树颇多。

其一是创建和修复书院。朱子亲自创建了四所书院:寒泉精舍、云谷晦庵草堂、武夷精舍、沧洲精舍。先后推动修复了同安大同书院、漳州龙江书院、江西白鹿洞书院等二十多所书院。

其二是制定学规,在白鹿洞书院制定了《白鹿洞书院揭示》,其文曰:

父子有亲,君臣有义。夫妇有别,长幼有序,朋友有信。

右[上]五教之目。尧、舜使契为司徒,敬敷五教,即此是也。学者学此而已。而其所以学之之序,亦有五焉,具列如左[下]:博学之,审问之,谨思之,明辨之,笃行之。右[上]为学之序。

学、问、思、辨四者,所以穷理也。若夫笃行之事,则自修身以至于处事、接物,亦各有要。具列如左[下]:言忠信,行笃敬,惩忿窒欲,迁善改过。右[上]修身之要。

正其义不谋其利,明其道不计其功。右[上]处事之要。

己所不欲,勿施于人。行有不得,反求诸己。右[上]接物之要②。

朱子还在岳麓书院颁布了《岳麓书院教条》,在沧洲精舍颁布了《沧洲精舍谕学者》,系统地阐明了教育的宗旨与为学方法,成为后世书院教育的规范。

其三是实行分段教学。朱子根据前人的教育经验和自身体验,将教育分为"小学"和"大学"两个阶段。"小学是事,如事君、事父、事兄、处友等事,只是教他依此规矩做去,大学是发明此事之理"③。十四岁以前接受即事教育,十五岁以后进入明理教育。

其四是编写教材,先后编写了《蒙童须知》、《小学》等教材。《四书章句集注》、《礼仪经传通解》、《近思录》、《周易本义》、《太极图说解》、《孝经刊

---

① 《朱子文集》卷四,第 353 页。
② 《朱子文集》卷七十四,第 3586 页。
③ 黎靖德编:《朱子语类》卷七,北京:中华书局,1986 年,第 125 页。

白鹿洞书院

岳麓书院

误》、《楚辞集注》等许多论著最初也都是作为教材使用的。

其五是倡导致知力行。朱子在书院学中，提出了"学即行"这个富有创意的命题,强调:"学之之博,未若知之之要;知之之要,未若行之之实。"①反对为读书而读书,坚持知行并进,致知力行。

其六是题写校训。朱子在湖南岳麓书院题写了"忠、孝、廉、节"四个大字,成为岳麓书院的校训。在沧洲精舍题写了《勉学箴》:"读好书,讲好话,行好事,作好人。"成为考亭书院的校训。

综上所述,朱子对书院情缘之深,贡献之大,影响之广,是无人能与之比的。由于新式学校的兴起,书院自民国以后便被废止。近年来,随着传统文化的复兴,书院又开始作为国民教育的重要补充蓬勃发展,朱子的书院情怀也必定会越来越受尊崇和珍惜。

---

① 黎靖德编:《朱子语类》卷十三,北京:中华书局,1986 年,第 222 页。

《考亭志》何人修纂

　　《考亭志》为明代建阳书坊万历刻本,由朱子十三世孙朱世泽修纂,考亭书院刊刻。

　　朱世泽,字仲德,号斌孔,明嘉靖四十二年(1563)出生于书香之家。他从小酷爱读书,是潭阳邑中弟子员。然而他命运多舛,九岁父亡,二十一岁而母殁,中年又妻病故,故感到自己是"罪戾滔天,宜乎天降罚于我躬,乃不自殒灭而祸延于其亲。藉令复不修商,则天之谴我又未有涯也"①。于是他决意离家往书林卒业,继承其伯父朱用圭的遗志,以修纂《考亭志》为己任。朱用圭,字七峰,由选贡入仕,曾历官安徽滁州同知。在任时,同僚因仰慕考亭书院,每每向他索取考亭书院相关史料。令他觉得孔子有《阙里志》,孟子有《三迁志》,朱子怎能没有《考亭志》? 于是他在卸任后,就致力于修纂《考亭阙里志》。可惜,他修志开始不久,便染病去世,志终不果。朱世泽十分认同伯父的志向,毅然担负起修纂《考亭阙里志》的重任。他埋头苦读,批阅先祖留下的浩瀚藏书。他四处寻找,广泛搜集考亭书院相关的资料。功夫不负有心人,万历年间,他收集到考亭、建安和婺源三宗的世系,编成宗谱,名曰《太师徽国文公朱子世家文献》。由此大大加快了修志的进度。

　　经过艰辛的努力,《考亭阙里志》终于在明万历十七年(1589)修纂完成了。朱世泽在《叙锲考亭志颠末》中自述:"脱假以年以佑不逮,俾世泽得以专肆力于文祖之所著作,载加广布,重明文祖之道,死而不朽矣。"②《考亭阙里志》后改名为《考亭志》,由督学徐即登于万历二十三年(1595)刊刻发行于世。

　　《考亭志》载述了从南宋朱子时代到明朝万历年间考亭书院的兴衰史。《考亭志》共分十卷:

---

① 朱世泽编:《考亭志》,福州:海峡书局,2015年,第286页。
② 朱世泽编:《考亭志》,福州:海峡书局,2015年,第286页。

考亭全景图

　　卷一，沧洲形胜。此卷全面记载了考亭书院所在的位置，考亭地名的来历，文公故居的遗存，考亭书院的沿革，山川溪流的景观，道路桥梁的分布，寺庙祠观的缘由，楼堂亭阁的风貌。卷中详细记载了宋、元、明历代在考亭兴建的牌坊，如文公阙里坊、道学渊源坊、泰山乔岳坊、景星庆云坊、继往开来坊、一鉴心源坊等。卷中还精心绘制了考亭全景图，为后世留下了珍贵的资料。

　　卷二，道学赞扬。首录的是朱子的父亲朱松留下的《洗儿歌》和《十二郎生日之寿戏为数小诗》，也录载了朱子的恩师刘子翚《字朱元晦祝词》。词曰："冠以铭名，奥为古制。朱氏子熹，幼而腾异。交朋尚焉，请祝以字。字以元晦，表名之义。木晦于根，春荣华敷。人晦于身，神明内腴。"[①]刘子翚之所以要替朱熹取字"元晦"，意在勉励朱熹为人要像树木一样，根深植于厚土中，才能枝繁叶茂。卷中收入了陈亮、赵汝腾、陈宓、熊禾、吴澄、丘濬、王柏等方家赞文公像的诗赋，以及杨四知、陈淳、李方子、吴寿昌、郑玉等名士颂扬朱子的杂文。还录载了朱子自题的诗文，其中有两首是题写对镜自画像的，前一首于绍熙元年(1190)孟春时六十一岁对镜写真，题以自警："从容乎礼法之场，沉潜乎仁义之府。是予盖将有意焉，而力莫能舆也。佩先师之格言，奉前烈之遗矩。惟暗然而日修，或庶几乎斯语。"后一首于庆元六年

---

①　朱世泽编：《考亭志》，福州：海峡书局，2015年，第16页。

(1200)二月八日南城吴氏社仓书楼为写真,题其上云:"苍颜已是十年前,把镜回看一怅然。履薄流深谅无几,且将余日付残编。"前后两首心境各不相同。

卷三,考亭日抄。此卷详细梳理了朱子从宋绍熙二年(1191)五月辞去朝廷任职回归建阳直至庆元六年(1200)三月因病卒于考亭的历程。朱子除了赴任知潭州兼荆湖南路安抚使,不久又进京转任焕章阁待制兼侍讲,在外仅数月之外,其余大部分时间都蛰居在考亭书院著述立说,讲学授道。即使是后来蒙受"伪学魁首"之冤,仍是初心不改,弘道不止,直至生命的终结。正如卷中魏了翁的《朱文公先生年谱序》中所赞:"惟先生巍然独存,中更学禁,自信益笃。"

朱子自画像

卷四,朱子手泽。朱子生平学富五车,著作等身,晚年卜居考亭仍然笔耕不辍,留下了诸多著述和诗文。卷中开列了朱子著述的《周易本义》《论孟集注》《通鉴纲目》《楚辞集注》等书目,刊载了朱子《迁居考亭告家庙文》《刊四经成告先圣文》《辞免待制仍旧充秘阁修撰提举南京鸿庆宫谢表》《致仕告家庙文》等文告。标明了朱子为建阳等地题写的四字匾、三字匾、二字匾墨迹,收集了朱子居建阳创作的诗词箴赋。其中令人惊奇的是朱子所作的《调息箴》,箴言:"鼻端有白,我其观之。随时随处,容与猗移。静极而嘘,如春沼鱼。动极而翕,如百虫蛰。氤氲开辟,其妙无穷。孰其尸之,不宰之功。云卧天行，非予敢议。守一处和，千二百岁。"①于此可知，朱子不仅精通孔孟之道，而且也深谙养生之道。

卷五，及门造士。卷首语写得妙："远方朋来，宣尼攸乐。英才教育，孟氏所称。朱子发明圣学而多士鳞集，负笈从游，孔孟之乐得矣。"卷中将考亭书院的门生名单一一列出，总共338人，其中福建142人，南京24人，山西2人，河南2人，陕西1人，浙江40人，江西56人，湖广4人，四川6人，广东2人，广西1人，无考其县域者58人。尤为难得的是，南宋时期，北方已沦为金国领地，地处黄河流域的山西、陕西、河南等地的学者流寓南方，来到考亭书院求学的实在太不容易了。

卷六，历朝诰谥。"立德立言，哲人不朽事业。报功报德，圣王有赫恩纶"。朱子逝世后，历朝历代都赐赠制谥，表彰其贤。宋嘉定元年（1208），宁宗诏赐朱熹遗表恩泽，后赐谥曰"文"。宋宝庆三年（1227），赞《四书章句集注》"发挥圣贤之蕴，羽翼斯文，有补治道"，加赠朱熹为太师，追封信国公。

宋理宗

元惠宗

元至正二十二年（1362），惠宗诏封朱熹为齐国公。

明洪武二年（1369），太祖诏封朱熹为徽国公。

明永乐十五年（1417），成祖颁诏《四书章句集注》于国子监和天下官学。

---

① 朱世泽编：《考亭志》，福州：海峡书局，2015年，第173页。

明太祖

明成祖

明景泰六年(1455),代宗诏:以宋儒朱熹嫡长孙一人,世袭翰林院五经博士,以奉祭祀。

志叙前史,明万历之后历代诏谥还有不少,《考亭志》自然无法记载。

卷七,隆儒缛典。此卷记载了宋、元、明历代对考亭书院的修葺与重建情况,其中颇具影响的有六次:

刘克庄

其一,宋宝庆乙酉年(1225),建阳知县刘克庄在考亭书院内建朱子祠,开启了祭祀朱子的先河。

其二,元大德乙巳年(1305),建阳知县郭瑛置四百余亩"义学田",备供考亭书院之费用。

其三,明永乐丙申年(1416)考亭书院遭洪灾受损严重,至宣德壬子年,建阳知县何景春重建考亭书院。

其四,明正德庚午年(1510),巡按御史贺泰檄知府罗柔重修燕居庙。

其五,明嘉靖丁亥年(1527),巡按御史简霄建"庆云楼"。

其六,明天顺壬午年(1462),建宁府推官胡缉主持兴建韦斋祠。祭祀朱子之父朱松。

卷八,名公翰墨。朱子讲道考亭,声名远播,贤士大夫、名公巨卿纷至沓来,或记或疏或铭或雅,留下了许多墨迹。就记而论,当首推理学家熊禾的《考亭书院记》。该记将朱子与孔子并列,称颂"周东迁而夫子出,宋南渡而文公生"。强调"重推文公之学,圣人全体大用之学也。本之心身为德行,举而措之家国天下,则为事业"①。若论堂联,提学副使朱衡为燕居庙题联:"海内儒宗四家濂洛关闽相继述,天下斯文一脉颜曾思孟溯源流。"为上乘之作。礼部尚书陈文为韦斋祠题联:"志此地卜居为爱溪山清邃,开大儒名世宜登俎豆馨香。"也不失为佳作。

卷九,飨堂奠章。朱子逝世,令高朋亲友,贤达学士痛惜不已,纷纷以书文祭之。大诗人陆游奋笔写下:"捐百世,超九原之思;倾长河,注东海之泪。路修齿耄,神往形留。公没不忘,庶其歆飨。"②祭文虽短,却是字字情真意切。著名道人白玉蟾写的祭文较长:"天地棺,日月葬,夫子何之?梁木坏,泰山颓,哲人萎矣。两楹之梦既往,一唯之妙不传。竹筒生尘,杏坛已草。嗟文公七十一祀,玉洁冰清。空武夷三十六峰,猿啼鹤唳。管弦之声犹在耳,藻大之荐顿何人。仰之弥高,听之不闻,欲之不见。恍惚有像,未丧斯文。惟正诚意者知之,欲存神蒙主者说尔。"③洋洋洒洒,舒发了道家的情怀。卷中还收入了不少后世的祭文,但无论是情意上,还是格调上,都难以与陆放翁和白道人比肩。

卷十,谒词题咏。古往今来,到考亭书院瞻仰拜谒者众多,留下的吟咏题评也不少。《考亭志》专刊一卷,采而辑之。武科状元程鸣凤的《题考亭》大气磅礴:"古来何物支乾坤,除四书外旁无门。晦翁乘风游混沦,天宇扫扫浮云昏。周程扶起孔孟尊,只手闸断狂澜奔。当时正气横八垠,犹尔不免遭群喧。……人间兴废谁能论,桑田可变海可翻。翁之所恃无有焉,斯文不死道常存。"④文科榜眼程敏政的《拜文公阙里》则如行云流水:"洛水祖传道已南,后生何幸故乡参。一时气数存虹井,万古仪刑仰晦庵。尘锁断碑余劫

① 朱世泽编:《考亭志》,福州:海峡书局,2015年,第233页。
② 朱世泽编:《考亭志》,福州:海峡书局,2015年,第257页。
③ 朱世泽编:《考亭志》,福州:海峡书局,2015年,第257页。
④ 朱世泽编:《考亭志》,福州:海峡书局,2015年,第269页。

大,山围精舍拥祥岚。正心诚意言犹在,三复无能只自渐。……"①

《考亭志》

　　《考亭志》是明万历前考亭书院沧桑变迁的缩影,也是文公阙里厚重文化底蕴的展示,具有极高的文献和学术价值。由于年代久远,《考亭志》古本保存下来的极少。目前已知的仅有二部,一部藏于国内的南京图书馆,另一部则藏于日本内阁文库。所幸的是,在南平市建阳区委区政府的重视下,建阳区地方志编纂委员会组织专家学者,付出艰辛努力,并取得日本内阁文库和南京图书馆的大力支持,采用原书大仿真影印的方法,于2015年重印出版了《考亭志》,实在令人欣慰。

---

　　①　朱世泽编:《考亭志》,福州:海峡书局,2015年,第274页。

考亭书院何时重建

宋绍熙三年(1192),朱子迁居考亭,在居处建一小楼,接纳负笈前来求学的门生,取名"竹林精舍"。绍熙五年(1194),朱子离开朝廷回到考亭,扩建竹林精舍,并更名为"沧洲精舍"。此后,朱子专心致志在沧洲精舍著述讲学,至庆元六年(1200)病逝。朱子临终前将自己的深衣和著作授于爱婿黄榦,并手书:"吾道之托在此,吾之盛矣。"朱子逝世后,黄榦留守在沧洲精舍,搭盖了一座草堂,名为"勉斋堂",为岳父奉孝三年,料理朱子未竟事务。奉孝期满不久,黄榦调任嘉兴石门酒库,离开了考亭。尔后,朱子的子孙也离开了考亭,迁居建州,沧洲精舍便逐渐荒废了。此后,历代均有重建或整修。

一、南宋后期修建

朱子逝世25年后,宋宝庆元年(1225)秋,刘克庄任建阳县令。刘克庄(1187—1269),初名灼,字潜夫,号后村,福建莆田人,爱国诗词家。其词深受辛弃疾的影响,为豪放派词人。刘克庄是著名理学家,曾师从真德秀,在经学上颇有造诣。他赴任建阳后,专程去考亭探访沧洲精舍,目睹一片荒凉,于心不忍,即决定在沧洲精舍建祠堂祭祀朱子。次年(1226),祠堂落成,刘克庄将祠堂定名为"文公祠",并亲撰祭文:

> 呜呼!巍巍文公,宋之夫子。翼翼考亭,建之阙里。竹林萧萧,下有精庐。于此授徒,于此著书。后千百年,过者必式。拜俯洒扫,邑令之职。昔祀于寝,今迁于堂。配以高弟,皦如兹觞。

此为沧洲精舍祭祀朱子的开端,对后世产生重大影响。

宋宝庆三年(1227),理宗皇帝褒奖朱子,下诏:"朕观朱熹集注《大学》、《论语》、《孟子》、《中庸》,发挥圣贤之蕴,羽翼斯文,有补治道。朕方励志讲学,缅怀典刑,深用叹慕,可加赠太师,追封信国公。"①淳祐元年(1241),理宗皇帝又诏朱子从祀孔庙。淳祐四年(1244),考亭书院重修,理宗皇帝特赐"考亭书院"御书匾额。由此,沧洲精舍更名为"考亭书院",此名一直沿用至今。

考亭书院古牌坊

二、元代修建

宋末元初,经过战乱的考亭书院破败不堪。元至正元年(1341),建宁府通判刘伯颜应朱子五世孙朱沂之请,重修考亭书院,重建文公祠。在虞集撰写的《考亭书院重建文公祠堂记》中,详细记述了重建始末:"至正元年辛巳(1341),通守刘侯伯颜至郡且二年矣,文雅乐善,以学校之事为己任,知天不为。文公之五世孙沂以考亭之事告诸通守,通守曰:'是吾职也'。乃辍他学之羡,积得中统钞千五百缗,以属诸县典史陈德敬共其事,与山长朱汝舜、直

---

① 朱世泽编:《考亭志》卷六,福州:海峡书局,2015年,第207页。

学张隆祖会邑人士而告以侯意,咸曰:'此吾党小子愿执事焉,第俟公府为之先尔。'翕然趋劝,而共作新之。加葺更造,悉视其所宜而不敢过,自堂徂基亦既合矣,而新作文公祠堂。"①至正戊子年(1348),郡判方逢辰携建阳县令扩建了考亭书院,并增置"义学田"五百余亩。据熊禾《重修考亭书院记》载:

> 龙门方侯逢辰灼见斯道有关于世运,故于此重致意焉。岁戊子,侯为郡判官,始克修复。邑令古澶郭君瑛又从而增辛之。乙巳,侯同知南剑郡事,道竭祠下,顾问诸生曰:"居已完矣,其盍有所养乎?"书院旧有田九十余亩,春秋祭犹不给,侯捐田为倡。郭君适自此来,议以克协。诸名贤之胄与邦之士大夫翕然和之,合为田五百亩有奇。供祀之余,则以给师弟子禀膳。②

三、明代修建

明永乐十四年(1416),建阳城内暴发了特大洪灾,地处溪边的考亭书院被洪水冲毁。宣德七年(1432),建阳知县何器重建考亭书院。不后考亭书院又遭火灾,受损严重。天顺六年(1462),推官胡缉鼎力重修,朱子后裔和邑中人士积极响应,慷慨相助。时任京官的彭时为应胡缉之请,为重修作记:"考亭书院,历元至今,屡修屡坏。天顺壬年,监察御史安成刘君舒、姑苏顾君俨同过而致敬焉,慨其敝坏,欲重新之。时建宁推官胡君缉莅郡政,首捐俸为倡,先生之八世孙询己资为助。如是兴复如故。"③明王朝以省为道,常年派监察御史赴各道巡视,考察吏治。凡到闽北巡视的御史都会到建阳考亭书院考察,由此形成了明代御史不断推动考亭书院整修的记录:正德六年(1511),侍御史贺志同巡视考亭书院,觉得燕居祠格局太小,于是发下公告,要求扩建。正德十一年(1516),侍御史胡文静于考亭书院门前建"景星庆云"和"泰山乔岳"坊;正德十三年(1518),侍御史程昌在燕居堂右侧增建一祠祭祀朱子。嘉靖六年(1527),御史简霄在考亭书院后侧增建庆云楼;嘉靖十年(1531),御史蒋诏建"恩荣"石牌坊,立于考亭书院门前,保存至今。万历十四年(1586),御史杨四知见考亭书院年久失修,奏请获准重修书院,

① 赵模修,王宝仁纂:(民国)《建阳县志》卷八,第391页。
② 赵模修,王宝仁纂:(民国)《建阳县志》卷八,第392页。
③ 赵模修,王宝仁纂:(民国)《建阳县志》卷八,第394页。

使之焕然一新；万历二十六年（1598），都御史金学增整修考亭书院，制匾额"儒学大成"。

四、清代修建

清顺治十一年（1654），因农民军起事，考亭书院毁于兵火。康熙三十一（1692），建宁府同知代理建阳县事的刘邦彦着手重建考亭书院。此次重建前后花了六年时间才基本建成。康熙三十九（1700），刘邦彦的后任知县柳正芳又接着扩建，使考亭书院更加恢宏。清户部左侍郎王绅专此作记："至国朝甲午、乙未之岁，海上洊罹兵火，遂遭毁废，栋宇推落，碑版纵横。越康熙庚午，蓝君勋卿来司邑铎，周视兴叹，乃慨然以修复自任。会郡司马刘君方摄邑篆，为捐俸以倡。其邑之人，于是醵金庀材。经始于康熙壬申，落成于康熙丁丑。至庚辰冬，阳夏柳君莅潭，复捐俸增葺之，丹腰、享堂、廊庑，皆如旧观。"①康熙四十四年（1705），康熙皇帝颁赐考亭书院"大儒世泽"匾额和"诚意正心阐邹鲁之实学，主敬穷理绍濂洛之心传"的楹联。康熙五十一年（1712），诏升朱子配祀孔庙，位列十哲之次。还谕敕李光地纂《朱子大全》、《性理精义》颁行全国，尊崇朱子理学更甚前朝。考亭书院此时进入鼎盛时期。此后，清代考亭书院还曾有过几次重修，如嘉庆二十四年（1819）观察史叶健庵报请闽浙总督，获准对书院重修。又如道光二十八年（1848），福建学政彭蕴章主持书院整修。还有如同治九年（1870），经朱子后裔朱人骥等申请，获府县支持，进行书院重建等。然而其规模或档次均不如康熙年间考亭书院的风光。

五、民国修建

进入民国，新学兴起，旧学遭废，书院成为昨日黄花，每况愈下，考亭书院也未能幸免。民国七年（1918），朱子裔孙朱剑南不忍先祖创建的考亭书院废亡，发起重修，使考亭书院废而获生。倪寿朋在《重修考亭记》中描述："第自元而明而清，星霜屡易，风雨飘摇，栋宇不无摧残，门墙不无凋敝……廊宇榛芜，门庭荆棘，份心蒿怆，满目荒凉……则以国步初移，国家多故，士

---

① 赵模修，王宝仁纂：(民国)《建阳县志》卷八，第395～396页。

大夫未遑谋及,而不谓公之裔孙、吾友剑南独挺然而任。是举也,意以春秋修祖庙,乃后人继述之忱所不容已。爰商之宗长衣点,鸠工庀材,兴兹土木。勤垣墉而涂墍茨,勤朴斫而涂丹腹。堂庑门墙,逐加修葺,焕然一新,庶先人灵爽,其有所式凭乎。"[1]民国八年(1919),朱闽、陈冠三、朱子谦、朱道南等人发起,依托考亭书院内原有的训蒙塾馆创办建阳县第六国民学校。民国二十九年(1940),考亭书院改办建阳县立初级中学,建阳县县长胡福相兼任校长。当年秋,适逢朱子诞辰810周年,建阳县政府在考亭书院举行官祭,福建省政府主席陈仪亲任主祭官。民国三十五年(1946),因考亭书院距建阳县城较远,交通不便,迁县立初级中学于城内。从此,考亭书院中断了办学。

六、新中国成立后修建

1949年新中国成立,考亭书院被收归集体财产,曾在此办过集体食堂,后用作仓库等。1966年建阳西门水电站建成蓄水,考亭书院遗址被淹没,只剩下门前的"恩荣"牌坊半截露在水面上。1984年,由福建省政府确认考亭书院"恩荣"牌坊为重点保护文物,并拨款移至玉枕山前。该牌坊高约10米,宽8.8米,结构为四柱三间。牌坊的额坊有斗拱、屋檐。柱坊上有双狮、麒麟、仙鹤、腾龙、飞凤等吉祥物,至今保存完好。1998年,建阳市政府与韩国朱子后裔共同出资重建朱文公祠,规模较小。

进入新时代,为了弘扬中华优秀传统文化,促进中华民族伟大复兴,2012年秋,建阳市委、市政府制订了重建考亭书院的规划。2015年春,建阳撤市设区。2017年夏,在中共建阳区委书记杨新强、建阳区政府区长魏敦盛的主持下,考亭书院重建工程正式开工建设。建阳考亭武夷旅游发展有限公司为考亭书院工程业主单位,由上海同济大学建筑研究所负责设计,福建建工集团负责承建,武夷文化研究院负责文化指导。在各级党委、政府的高度重视下,业主单位、设计单位、承建单位、指导单位通力合作,社会各界和广大民众积极支持,考亭书院重建工程进展顺利,主体工程于2018年秋建成,为纪念朱子诞辰888周年献上了一份厚礼。2019年秋,考亭书院重建工程全面竣工并对外开放。

---

① 赵模修,王宝仁纂:(民国)《建阳县志》卷八,第395~399页。

观书园及考亭书院全景

　　考亭书院以园区式建设。考亭书院文化园以"恩荣"牌坊为中心点,前半区为观书园,沿麻阳溪边而建。观书园由明理苑、劝学苑、博学苑组成,园内绿树成荫,碑廊相间。园中央建半亩方塘,宛若一本打开的书,方塘流水叠叠潺潺,注入溪河,象征朱子文化如源头活水长流不息,通江达海,走向世界。

　　后半区为书院园。书院大门的匾额"沧洲精舍"为朱子手迹。进门是一条陡峭的石阶,昭示书山有路勤为径。石阶呈中字形,寓意为"中庸之道"。石阶的两旁有两座亭子,左边为"春日亭",右边为"秋月亭",分别刻挂朱子的"春日"和"秋月"诗,寓意朱子学光照日月,永续春秋。阶顶的大堂为道原堂,展示朱子讲学之所。堂内正面壁上悬挂孔子及颜子、曾子、子思、孟子的圣像。左壁是北宋五子:周敦颐、程颢、张载、邵雍、司马光的挂像;右壁是朱子的先师:程颐、游酢、杨时、罗从彦、李侗的挂像。道原堂后是宽敞的太极广场,广场中央铺设朱子的太极八卦图石刻。广场左右两庑分别是文萃轩

— 71 —

和礼和轩,为文创物品展销馆和接待室。广场正前方是集成殿,殿内正堂是身着深衣、庄重慈祥的朱子坐像。左右两侧站立配祀的分别是朱熹的四位门生:蔡元定、黄榦、刘爚和真德秀。集成殿后是庆云楼,为藏书之所。一楼大厅辟为朱子书画馆,馆名由中国美术家协会主席范迪安题写。庆云楼前

新建考亭书院全景

有汲古井,其井名是朱子当年题写的。从书院大门、石阶、道原堂、太极广场、集成殿至庆云楼,为书院的中轴线建筑群。此外左边有两座楼房,前楼为燕居堂,辟作"考亭书院纪念馆",馆名由中国书法家协会会长苏士澍题写。后楼为清邃阁,为游学培训之所。阁内设有建本厅、书画厅、茶道厅、琴道厅、棋道厅。右边有一座楼房,是勉斋堂,为书院管理服务之用。书院之后尚有百余亩地,正在筹建配套设施。

考亭书院文化园占地总面积 300 亩,目前已投资 2.3 亿元,其建设规模和投资强度都远超考亭书院史上任何一次重建。见一叶而知秋,考亭书院的现代重建,无疑是展示中华民族伟大复兴进程的一座丰碑。

考亭书院诗联如何赏析

一、考亭书院朱子诗词赏析

朱子是我国古代一位百科全书式的人物,他不仅是一位伟大的思想家、政治家、教育家,也是一位杰出的文学家和诗人。明人胡应麟在《少室山房诗薮》评论宋代诗坛时称:"南宋古体首推朱元晦。"沈栾城在诗中赞:"花月平章二百载,诗名终是首文公。"今人国学大师钱穆在《朱子学案·朱子之文学》中认为:"朱子倘不入道学儒林,亦当在文苑传中占一席之地。大贤能事,故是无所不用其极也。"诗词家蔡厚示也强调:"中华诗词史上如果缺了朱文公,无疑是缺了一颗巨星。"

朱子是一位多产的诗词家,见于《朱文公文集》中就有 1200 多首,此外散存于各地方志中的还有不少。朱子的诗词不仅数量颇丰,而且视野开阔,特色鲜明,寓意深刻,体裁多样,达到内容与形式、思想性与艺术性的完美统一。

现今考亭书院内存挂的朱子诗词共有 9 首。观书园石刻诗《观书有感》(其一)。步行石阶的两亭,左亭木刻诗《春日》,右亭木刻诗《秋月》。道原堂背面墙壁匾额诗《勉学箴》,又称《四好经》。庆云楼书画馆内题画《四咏》,燕居堂纪念馆内木雕词《水词歌头·沧洲》。现对这些诗词逐一进行赏析。

观书有感　其一

〔诗文〕

半亩方塘一鉴开,^①天光云影共徘徊。^②
问渠那得清如许?^③为有源头活水来。

〔注释〕

①方塘:方形的池塘,这里暗喻书本。一鉴开:形容像一块明亮的铜镜。

— 73 —

②共徘徊:形容交相辉映。

③渠:它。许:如此。

观书园方塘

〔赏析〕

这是一首经典的哲理诗,大约作于乾道二年(1166)秋天。诗中表面上是描写池塘的景色:半亩大方形的池塘像一块明亮的铜镜,天上的阳光和云彩倒影在水中交相辉映。问它为什么能够如此清晰透亮,只因为其源头不断有活水流来。其寓意是:读书要追根溯源,找到知识的源泉,才能融会贯通,豁然开朗,就像池塘的水有了源头活水的流入,才会波光清澈可鉴。

春 日

〔诗文〕

胜日寻芳泗水边,①无边光景一时新。②

等闲识得东风面,③万紫千红总是春。④

〔注释〕

①寻芳:踏青游春之意。泗水,山东曲阜的河流。孔子曾在泗水河岸讲学授徒。南宋时期山东已被金人占领,朱子未曾到过泗水河,这里以泗水借喻孔门之学。

74

春日亭

②无边：无限。

③等闲：寻常，不经意。

④万紫千红：指百花盛开。

〔赏析〕

这是一首寓意深刻的哲理诗。朱子虽然生平未曾到过泗水河，但诗人凭借丰富的想象，在风和日丽之时来到向往已久的泗水之滨踏青游春，无边无际的风光焕然一新，不经意中领略了东风送暖、生机勃发的情景，到处都是百花盛开的春天气象。朱子此诗之意并非写游春寻景，而是借"泗水"暗喻孔门之学，"寻芳"即寻访圣人之道，"无边光景"指孔门之学博大精深，"等闲识得"指圣人之道是可以通达的。用"万紫千红总是春"表达诗人的信念：只要寻识到圣学的真谛，就会像春天一样进入生机勃发的境界。

秋　月

一雨生凉杜若洲，①月波微漾绿溪流。②

茅檐归去无尘土，③淡薄闲花绕舍秋。

75

秋月亭

〔注释〕

①杜:本义是指木本植物,后引申为"利用木土筑防洪堤"等。

②微漾:微小的波澜。

③茅檐:指茅草屋。

〔赏析〕

这是一首写景诗。描写一场雨后,诗人在凉风习习中来到沙洲的堤坝上,月光洒在溪流中,碧波荡漾。返回茅草屋时,小道已被雨水洗尘,环绕屋舍而长的野花,淡雅清幽,装饰秋色。朱子此诗作于何时、何处尚未考证。然而朱子透过诗中描绘的雨后秋夜,月下溪洲的幽静景色,表露出宁静致远、淡泊明志的情怀,与其寓居考亭时的心境是大体相同的。

勉学箴

〔诗文〕

读好书:百圣在目,千古在心。

妙者躬践,徽者口吟。①

四好箴言

说好话：莠言虚蔓，兰言实荄。

九兰一莠，驷追不回。②

行好事：圣狂路口，义利关头。

择行若游，急行若邮。③

作好人：孔称成人，孟戒非仁。

小人穷冬，巨人盛春。④

〔注释〕

①百圣：指百代圣贤。妙者：智慧之人。徽者：贪婪之人。

②莠言：丑恶之言。兰言：心意相投之言。驷追：驷马难追。

③圣狂：圣明与狂迷，这里指大是大非。义利：道义与私利。邮：指过失，出自《诗经·小雅》中的"不知其邮"。

④孔：即孔子。孟：即孟子。小人：卑鄙之人。巨人：高尚之人。

〔赏析〕

这是朱子在考亭书院讲学期间写的勉学箴言，又称《四好经》。

其一，"读好书：百圣在目，千古在心。妙者躬践，徽者口吟"。意思是百代圣贤的经典不断地阅读，千古相传的道理才能了然在心。智慧高深之人能够做到明理践行，贪婪浅薄之人只是把理论停留在口头上。朱子在这里不仅强调要反复阅读历代圣贤的经典书籍，而且告诫读书明理不能停留在口头上，关键在于学以致用，致知力行。

其二，"说好话：莠言虚蔓，兰言实荄。九兰一莠，驷追不回"。意思是丑恶不堪的言语就像虚漫杂乱的蔓草，心意相投的言语才像坚实固本的根荄，哪怕说的话十句中有九句是心意相投的好话，只说了一句丑恶不堪的坏话，也会令人追悔莫及。朱子用兰与莠来形容好话与坏话，告诫门生要多说好话，坏话哪怕是一句也不应该说。

其三，"行好事：圣狂路口，义到关头。择行若游，急行若邮"。其意思是面对大是大非难辨的岔路口，处在道义与私利冲突的紧要关头，慎重选择正确的行为就能游刃有余，而忽然采取不当的行为就造成重大过失。朱子在这里强调的是行好事一定要明辨大是大非，处理好道义与私利的关系，选择正确的人生道路，避免误入歧途。

其四："作好人：孔称成人，孟戒非仁。小人穷冬，巨人盛春"。其意思是：孔子常称道的是德才兼备的完人，孟子常告诫的是莫做坏人。卑鄙的人其内心困守在阴冷寒冬里，高尚的人心中充满着茂盛的春天。朱子在此教导门生:要坚守孔孟之道,做好人,莫做坏人。这里还需指出的是,朱子讲做好人,用的是"作"而不是"做",除了古代"作"与"做"通用,更因为做人不同于做事,贵在用心而非用力。如作文之不用"做文",就在于文章需用心去写而非用力去写。

朱子的《勉学箴》之所以被后人称为"四好经",不仅因为其简单明了,通俗易懂,而且在于其宗旨明确,意涵深刻,言简意赅地回答了为学者读什么书?怎样读书?为什么读书?《勉学箴》是朱子留给考亭书院的一大经典之作,被奉为考亭书院院训。

题画四咏

〔诗文〕

天边云绕山,江上烟迷树。
不向晓来看,讵知重叠数。①

炎蒸无处逃,②亭午转歊焮。③
万壑一奔倾,千林共萧瑟。④

草阁临无地,⑤江空秋月寒。
亦知奇绝景,未必要人看。

茆屋无烟火,⑥溪桥绝往还。
山翁独乘兴,飘洒一襟寒。

〔注释〕

①讵知:岂知。

②炎蒸:炎热蒸烤。

③歊焮:灼热。

④萧瑟:树叶被风吹发出的声音。

⑤无地:悬空不着地。

⑥茆屋:茆通用茅,即茅草屋。

春

夏

秋

冬

〔赏析〕

这是朱子在乾道年间,为好友浙江衢州的画家祝孝友所作的画卷题诗。第一首,题写的是《江山春烟图》。天边云绕、江上烟迷、重叠的山峦,隐浮在云烟之中。第二首,题写的是《林壑炎暑图》。烈日炎炎,大地灼热,幸有阵风吹来,万壑仿佛在奔腾,千林树叶沙沙作响。第三首题的是《江阁秋月图》:江岸边耸立的楼阁,在月光下更显得清寒,虽知有奇绝景色,未必盼人来观赏。第四首,题的是《溪桥冬韵》:草屋已无人居住,溪桥更无人行走,独有一位山里的老翁,飘游在清寒溪山间。朱子不愧是诗坛翘楚,这《题画四咏》抓住溪山的春夏秋冬的特点,把握画卷时序变化的风韵,似乎轻描淡写,却能画龙点睛,提高了画卷的艺术魅力,展示诗人高超的艺术素养。

水调歌头·沧洲

〔词文〕

富贵有余乐,贫贱不堪忧。谁知天路幽险?倚伏互相酬。①请看东门黄犬,②更听华亭清唳,③千古恨难收。何似鸱夷子,④散发弄扁舟。⑤

鸱夷子,成霸业,有余谋。致身千乘卿相,⑥归把钓鱼钩。⑦春画五湖烟浪,秋夜一天云月,此外尽悠悠。永弃人间事,吾道付沧洲。⑧

〔注释〕

①倚伏:依存隐伏。

②东门黄犬:成语,出自《史记·李斯列传》,李斯大功于秦,因遭奸人诬陷,论罪腰斩于咸阳街市。临刑谓其中子曰:"吾欲与若复牵黄犬,俱出上蔡东门逐狡兔,岂可得乎?"后以"东门黄犬"用作为官遭祸,抽身悔迟之典。

③华亭清唳:成语出身唐代李白诗《行路难三首》:"华亭鹤唳讵可闻?"指西晋北大都督陆机,被谗言所害遭诛,临刑叹曰:"欲闻华亭鹤唳可复得乎?"后用为感慨生平悔入仕途之典。

④鸱夷子:春秋越国上将军范蠡之号。

⑤散发弄扁舟:出自唐李白《古风之十八》:"何如鸱夷子,散发棹扁舟。"鸱夷子范蠡助越复国,功成名就时,见越王勾践是可与之共患难,却难以与之共享富贵的。于是辞官隐退、披头散发,浪迹江湖,逍遥自在。后以此形容功成身退,以图自保。

⑥千乘卿相:指拥有千辆马车的官员。

⑦归把钓鱼钩:指的是东汉时期光武帝刘秀登基,多次征召青年时代的好友严子陵到朝中任职,严子陵都婉拒。后来干脆隐居在富春江,以垂钓为乐,最后终老于林泉。北宋名相范仲淹曾写了一篇《严先生祠堂记》,称赞:"先生之风,山高水长。"

⑧沧洲:指沧洲精舍。

〔赏析〕

朱子这首词写于绍熙五年(1194)秋。他曾满怀热忱地赴京担任焕章阁待制兼侍讲,为宁宗皇帝讲学,然而仅 46 天就被免职。朱子失望地回到建阳考亭,满怀悲愤而又心有不甘的心情写下这首《水调歌头·沧洲》。他在词中,用了四个典故,借李斯的"东门黄犬",陆机的"华亭鹤唳",来感叹官场的凶险,祸福的难料。然而朱子不想学范蠡的"散发弄扁舟"和严子陵的"归把钓鱼钩",而是立誓:"吾道付沧洲。"充分反映朱子晚年壮志未酬,无意功名,专心致志著书立说的宏愿。

二、考亭书院楹联赏析

考亭书院自朱子创建,而后历代均有修建。各个历史时期,考亭书院内镶挂诸多楹联。现今重建的考亭书院,主要选用明代修建的考亭书院部分楹联。这些楹联既是珍贵的历史文化记忆,也是精美的艺术佳品。现就今考亭书院内的楹联赏析如下:

沧洲精舍门联

沧洲精舍门联

〔联文〕

佩韦遵考训，[①]
晦木谨师传。[②]

〔注释〕

①佩韦：佩带熟皮，典故《韩非子》："西门豹之性急，故佩韦以自缓。"朱子之父朱松性情急躁，故自号韦斋。这里指朱松以佩韦自勉，戒骄戒躁。考：指已故的父亲。

②晦木：树木的根扎得深。朱子少年时拜刘子翚为师，刘子翚为他取字"元晦"，并写祝词："木晦于根，春容华敷。人晦于身，神明内腴。"师：恩师，这里指刘子翚。

〔赏析〕

此联的意思是：戒骄戒躁，遵照先父的遗训。根深叶茂，谨记恩师的真传，表达了朱子不忘父训师传的夙愿。

道原堂门联

道原堂门联

〔联文〕

幼学壮行正心诚意四字，[①]
开来继往格物致知两端。[②]

84

〔注释〕

①幼学壮行:即幼年勤学,壮年践行。出自《孟子·梁惠王》:"夫人幼而学之,壮而行之。"

②开来继往:即继往开来,根据楹联对仗需要而做词序调整。

〔赏析〕

此联是明代长乐人,曾任兵部侍郎的陈省所题写。上联的意思是:幼时勤于学习,壮年施展抱负,都离不开"正心诚意"四字要求。下联的意思是:无论是继往还是开来,都要坚守"格物致知"两个方面。陈省此联既是对朱子幼学壮行,秉持正心诚意,继往开来,坚守格物致知的颂扬,也是对后来学者的勉励。

道原堂前柱联

〔联文〕

从容乎礼法之场,①

沉潜乎仁义之府。②

〔注释〕

①礼法:礼仪与法度,这是儒家学派推崇的政治主张。

②仁义:仁爱与正义,这是孔孟之道的核心价值。

〔赏析〕

这是明代建宁府推官郭子章从朱子的自画像题词中摘句成联。上联的意思是:从容不迫地坚守礼法的天地。下联的意思是:沉下心来潜入仁义的世界。郭子章借此推崇朱子倡导的礼法和仁义之道。

道原堂后柱联

〔联文〕

真儒师百代宛若洙泗之渊源,①

英贤聚一门足征紫阳之德泽。②

〔注释〕

①洙泗:在山东曲阜的洙水河与泗水河一带,是孔子、孟子生活和讲学的地方,后人常以洙泗作为孔孟之道的代称。

②紫阳:安徽紫阳山是朱子的祖籍地,朱子曾自号紫阳先生。

〔赏析〕

此联是明代南京人,时任建阳县令吴天洪所撰。上联的意思是:师传百代的大儒真学渊源出自孔孟之道；下联的意思是：聚集一门的贤士英才德泽来自紫阳先生。

集成殿门联

〔**联文**〕

集成殿

玄领炯然千古纲常收正脉，①
景瞻依在一方云物拜真山。②

〔**注释**〕

①玄领：指要领。炯然：光明。

②景瞻：同景观。云物：同云彩。

〔**赏析**〕

此联为明代福建莆田人，时任右都御史林俊所作。上联的意思是：正脉传承的千古纲常之要领长放光明；下联的意思是：青山萦绕的一方云彩之景观依然常在。此联主要是颂扬朱子理学正脉传承，考亭书院风光长盛不衰。

集成殿前柱联

〔联文〕

诚意正心阐邹鲁之实学，①

主敬穷理绍濂洛之心传。②

〔注释〕

①诚意正心：真诚的心意，端正的心态。出自《大学》，是儒家推崇的八条目之一。邹鲁：指春秋时期的邹国和鲁国。因孔子生在鲁国，孟子生在邹国，故后人常称邹鲁为孔孟之乡。

②主敬穷理：自己保持谨慎敬重的态度，深入探究事物内在原理。这是朱子倡导的理学功夫。濂洛：指濂溪和洛河。北宋的理学先驱周敦颐生活在濂溪一带，程颢、程颐生活在洛河岸边，故后人常以濂洛代指周学和程学。

〔赏析〕

这是清代康熙皇帝亲颁给考亭书院的一副对联。上联的大体意思是：真诚用心地阐发孔孟之道的学说实质；下联的大体意思是：谨慎敬重地传承周程理学的核心价值。此联既是康熙皇帝褒扬朱子理学的建树，也是诏告天下传承弘扬圣贤之学。

集成殿后柱联

〔联文〕

道学渊源河汉江淮流不息，①

斯文山斗嵩华恒岱仰弥高。②

〔注释〕

①道学：指理学。河汉江淮：指黄河、汉江、长江、淮河。

②斯文：指文化。嵩华恒岱：指嵩山、华山、恒山、泰山。

〔赏析〕

此联的作者是明代江苏宿迁人，时任建阳县训导。上联的意思是：理学的渊源像黄河、汉江、长江、淮河水一样川流不息；下联的意思是文化的高峰如嵩山、华山、恒山、泰山一样令人仰止。此联赞颂朱子理学山高水长。

庆云楼门联

〔联文〕

凭槛瞰溪流一派波光摇学海，①
游眸迎野趣四围山色拥贤关。②

庆云楼门联

〔注释〕

①学海：学问如海洋广博，这里指书院。

②贤关：贤路像关山一样崎岖，这里指学者。

〔赏析〕

这是明代浙江临海人，时任福建布政蔡潮的题联。上联的意思：倚栏远望溪流，一派波光摇曳着书院；回首迎来野趣，四周山色抱着学者。此联表面是描写书院内外的水光山色，实里则是赞许书院求学之人。

清邃阁门联

〔联文〕

道迷前圣统，①
朋误远方来。②

— 88 —

清邃阁

〔注释〕

　　①道迷：迷恋道学。

　　②朋误：有误朋友。

〔赏析〕

　　朱子所作的这副对联约在绍熙三年(1192)。朱子的门人赵章泉在竹林精舍建成时撰了一副对联："教存君子乐,朋自远方来。"朱子将之上联改作"道迷前圣统",下联改"朋自"为"朋误"。其意思是：我迷恋在往圣的道统,恐有误远方来的朋友。这一方面显示了朱子传道施教上的自谦,另一方面也表达了其承绪道统上的执着。

朱子经典著述选读

正本清源之作
——《周易本义》

　　《易》是中国最古老的文献,被列为六经之首,甚至被视为大道之源。然而从《易》的出现始,就一直扑朔迷离,笼罩着神秘的面纱。

　　相传《易》起源自"河图"、"洛书"(即传说黄河出现了背上画有图形的龙马,洛水出现了背上写有文字的灵龟),伏羲由此画出了"先天八卦"。伏羲,又称宓羲、庖牺、伏牺,是中华民族的人文始祖。《楚帛书》记载其为创世神,是我国最早有文献记载的王。后世与太昊、青帝合并,被称为"青帝太昊伏羲"。据传伏羲取蟒蛇的身,鳄鱼的头,雄鹿的角,猛虎的眼,红鲤的鳞,巨蜥的腿,苍鹰的爪,白鲨的尾,长须鲸的须,创立了中华民族的图腾龙,龙的传人由此而来。伏羲观察天上的云雨雷电和地上的飞禽走兽,根据阴阳变化之理,创造了八卦。

　　后来,被囚禁在羑里的周文王据此演绎了"后天八卦"。周文王(约前1152—前1056年),姓姬,名昌,又称周侯、姬伯,是周王朝的奠基人。原为商朝的诸侯,封西伯。因勤于政事,广罗人才,善施仁德,使得周地人才济济,百业昌盛,国力强盛。由此引起商纣王的不安,于是将姬昌拘于羑里。姬昌被囚却不甘消沉,而是悉心钻研"易",将伏羲的"先天八卦"和神农氏的"连山八卦"、轩辕氏的"归藏八卦"融会贯通,进而推演出六十四卦,并作了卦辞。周公旦补了爻辞,形成了《易经》。再后来,孔子作了《易传》,又称《十翼》。后世流传的《周易》则是周文王所作的《易经》与孔子所作的《易传》的集合。

　　自汉以后,历经隋、唐至北宋,易学研究的热度虽越来越高,但众说纷纭,莫衷一是。作为经学大儒的朱子怎能容忍易学之乱?于是朱子潜心易学研究,旨在正本清源。朱子曾于淳熙四年(1177)作了《易传》,成书后,觉得尚不完善。于是淳熙八年(1181)之后,朱子专门作了《周易本义》。淳熙十三年(1186),朱子还与蔡元定合作,撰写了《易学启蒙》,作为《周易本义》的补充。朱子曾在答陆子美的书信中,就其易学的大旨做了阐述:"盖近世说《易》者,于象数全阔略。其实不然者,又太拘滞支离,不可究诘。故推本圣人经传中说象者,只此教条,以意推之。以为是足以上究圣人作《易》之本旨,下济生人观变玩古之实用,学《易》者决不可以不知。"①从这封书信的答问中,可以明了朱子作《周易本义》及《易学启蒙》的根本目的在于梳理易学研究上的同异,上究本旨,下济实用,开创《易》学研究的新局面。

一、经传相分

周文王所作的《易经》与孔子所作的《易传》原本是分开的,大约在汉代,《易经》与《易传》合成了《周易》。经传不分后,则出现了以经为主和以传为主的两大学派,北宋时期尤为突出。以经为主的学派代表人物是陈抟、邵雍,其学说重象数。象指卦象(包括卦经)和爻象(包括爻位),数指爻数和阳阴数(即奇数为阳,偶数为阴),卦象、爻象与阳阴奇偶之数的合称便是象数。其主张"先天象数之学",把宇宙万物的变化过程归结于象数的演化过程。认为万化万事生于心,"心为太极"。以传为主的代表人物是胡瑗、程颐,其学说重义理。义,指道义;理,指天理。认为世间万物都存一理,义理是本,象数为末。两大学派相互批评,各不相让,令众多学《易》者不知所措。朱子对两大学派的观点做了梳理,认为产生两大学派的原因在于各执一端,令《易》学混乱难读的根源在于经传不分。朱子指出:"《易》所以难读者,盖《易》本是卜筮之书,今却要就卜筮中推出讲学之道,故成两节工夫。"②还指出:"学《易》者须将《易》各自看,伏羲《易》自作伏羲《易》看,是时未有一辞也。文王《易》自作文王《易》,周公《易》自作周公《易》。孔子《易》,自作孔子《易》看。必欲牵合作一意看,不得。"③朱子认为《周易》中的经与传是"两节工夫",经与传要分开去看,不能混为一谈。只有这样才能避免传文混掺于经文,导致偏执一端。虽然朱子主张经与传分两节,但并不赞同经与传相互脱节,而是主张经传不混为一谈却又相互联系。

① 《朱熹集》卷三十六,《答陆子美》,成都:四川教育出版社,1996年,第1569页。
② 黎靖德编:《朱子语类》卷六十六,北京:中华书局,1986年,第1626页。
③ 黎靖德编:《朱子语类》卷六十六,北京:中华书局,1986年,第1622页。

二、上究本旨

朱子在《周易本义》中，通过探讨《周易》的来源阐释其本旨，指出《易》原本是一部卜筮之书。朱子说："《易》本为卜筮而作。古人淳质，初无文义，故画卦爻以开物成务。"①在《答刘君房》中又说："所喻谈《易》甚善，此书本为卜筮而作，其言皆象数，以断吉凶。今其法已不传，诸儒之言象数者，皆穿凿；言义理者，又太汗漫。故其书为难读。"②朱子认为上古圣人作《易》本意是为占卜，用卦爻、象数来预测吉凶，使人吉则行之，凶则避之，此即"开物成务"之道。上古之时的占卜只有画图，而无文字，其占卜之法早已失传。而今人讲象数的往往穿凿附会；讲义理的更是太过汗漫，都偏离了圣人作《易》的本旨。朱子也认为《易》之占卜并非与理义无关，明确指出："圣人因作《易》，教他占，吉则为，凶则否。所谓'通天下之志，定天下之业，断天下之疑'者，即此也。及后来理义明，有事并断以理义。"③意思是说：在理义未明以前，人们靠占卜来断吉凶，把命运系之于占卜。到后来，人们掌握了理义，便依理义行事，不用凡事都靠占卜了。然而随着时代的变化，人们掌握的理义愈来愈多，占卜之用愈来愈少，许多《易》学者不仅淡忘了《易》的占卜本旨，甚至讳言《易》与占卜的关系。对此，朱子予以纠正："据某看得来，圣人作《易》，专为卜筮。后来儒者讳道是卜筮之书，全不要惹他卜筮之意，所以费力。今若要说，且可须用添一重小筮意，自然通透。"④朱子之所以反复强调《易》是占卜之本，不要讳言《易》是占卜之书，其用意就在于还《易》之本来面貌，不违背前人作《易》之本旨，才能全面透切地领会《周易》，把握《易》学研究的正确方向和方法。朱子晚年还与蔡元定修编《周易参同契考异》，其目的仍在深化对《周易》本义的认识。

三、下济实用

让《易》学易知易行，是朱子编撰《周易本义》及《易学启蒙》的落脚点。

---

① 黎靖德编：《朱子语类》卷六十六，北京：中华书局，1986 年，第 1620 页。
② 《朱熹集》卷六十，《答刘君房》，第 3102 页。
③ 《朱熹集》卷六十，《答刘君房》，第 3102 页。
④ 黎靖德编：《朱子语类》卷六十七，北京：中华书局，1986 年，第 1652 页。

朱子首先对《周易本义》的篇目做了精心安排，分为经二篇（卷）、传十篇
（卷）。卷首编入陈抟、邵雍所作《易图》九幅，分别是《河图》、《洛书》、《伏羲
八卦次序图》、《文王八卦次序图》、《文王八卦方位图》、《卦变图》等图。音训
则取吕祖谦《古周易》中所撰。

朱子安排好《周易本义》的篇目，把重点放在了图书上，以图解《易》。朱
子对《河图》、《洛书》是相信的，认为这是圣人作《易》的由来。故而将《河
图》、《洛书》列为《周易本义》的卷首。朱子对伏羲所作的八卦图更是推崇备
至："伏羲之《易》，初无文字，只有一图以寓其象数，而天地万物之理，阴阳始
终这变具焉。……必欲知圣人作《易》之本，则当考伏羲之画。"①朱子强调：
伏羲所作的卦图虽然没有文字，却包含了天地万物之理、阴阳始终不变，寓
象数于其中，博大精深。如果要认识圣人《易》学之本，就必须研究伏羲的
卦图。

朱子注重图解《易》，不仅是为了还原圣人作《易》之本义，还在于探求
"易有太极"。朱子在注解"易有太极，是生两仪，两仪生四象，四象生八卦"
的爻辞时指出："一每生二，自然之理也。易者，阴阳之变；太极者，其理也；
两仪者，始为一画而分阴阳；四象者，次为二画以分太少；八卦者，次为三画
三才之象始备。此数言者，实圣人作《易》自然之次第，有不假丝毫智力而成
者。"②显然，朱子将卦图与太极联系起来，阐发太极说。这也成为朱子理学
体系的重要内容。

朱子通过编写《周易本义》及《易学启蒙》，将经和传相区别，又相联系，
上究本旨，下济实用，为宋代易学开辟了新的道路，对当时以至后世都产生
了重大影响。

① 《朱熹集》卷三十八，《答表机中》，第1683页。
② 《朱子全书》第1册，第134页。

— 94 —

双贤通力之作
——《近思录》

朱子、吕祖谦和张栻三位理学家，被称为"东南三贤"。《近思录》是由东南三贤中的朱子和吕祖谦在建阳寒泉精舍通力合作而成的。这是一部理学的入门书，也是中国思想文化史上第一部哲学选集。《近思录》不仅在中国思想文化史上占据重要地位，而且东传朝鲜半岛和日本，对东亚文明产生重大影响。

一、莫逆之交

《近思录》的合作者吕祖谦是朱子的莫逆之交。吕祖谦（1137—1181），字伯恭，婺州（今浙江省金华市）人，出身于名门世家，郡望东莱吕氏，人称"小东莱先生"。宋隆兴元年（1163）进士及第，特授左从政郎，调补外宗学教授。任职期间，从政之余，常为同朝大臣好友代写奏表，阐述政治、经济、军事之见，颇受好评。乾道元年（1165），升任太学博士，实录院检讨官。他在进见宋孝宗时，直言奏请皇帝留意圣人学说，早定方略，实现收复中原大业。乾道八年（1172）调任秘书省正字，点检试卷，协助主持礼部考试。任职期间曾参与《宋徽宗实录》重修，编纂刊行《皇朝文鉴》。后因父亲病亡，服丧离职，除丧后提举亳州明道宫。晚年无心仕途，专心著述讲学。淳熙八年（1181），因病逝世，终年四十五岁。宋宁宗时，追谥为"成"。嘉熙二年（1238），改谥"忠亮"，追封"开封伯"。景定二年（1261），配享孔庙。

吕祖谦博学多才，不仅是南宋杰出的理学家，也是著名的文学家。他主张明理躬行，学以致用，在理学发展史上占有重要的地位，与朱子、张栻并称东南三贤。著有《东莱集》40卷，《书说》35卷，《吕氏家塾读书记》32卷，《春秋左氏传说》20卷，《春秋左氏续说》12卷，《东汉精华》14卷，《历代制度详说》12卷，《丽泽论说集录》10卷等。还有大量的诗词流传于世，其中被《全宋诗》保留的就达115首。

朱子与吕祖谦交往甚厚。朱子与吕祖谦的初次相会约在绍兴二十六年（1156），当时吕祖谦的父亲赴福州任职，吕祖谦也随父而行。此时，朱子任同安主簿，正好有事到福州。两人志趣相投，一见如故，虽"三山（福州）之别，阔马累年"①。别后多年未见面，但两人书札往来甚密。现存《朱子文集》中《答吕伯恭书》有104件，比任何人都多。而存于《东莱吕太史文集》中的《与朱侍讲书》达67件，也是超乎任何人。在朱子与吕祖谦两人的书札往复中，自然以学术讨论居多，但私家之事诸如请祠、出行、刊书、交友之类，也有不少。如朱子闻讯吕祖谦之父逝世，去函表示"倍加悲痛"②。又如吕祖谦对朱子之妻刘氏病亡，致函"深致意焉"③。尤其是朱子将学业欠佳的长子朱塾托付给吕祖谦教管，甚至连朱塾的婚事也由吕祖谦代为操办，足见相互之信任。

朱子与吕祖谦交往中影响最大的除寒泉精舍合作的《近思录》之外，当属同赴鹅湖之会。鹅湖寺在武夷山脉江西省铅山县境内，淳熙二年（1175）五月，由吕祖谦牵头并陪同朱子到鹅湖寺与陆九龄、陆九渊兄弟相会。寓居江西金溪的陆氏兄弟是心学的领军人物，其主张的为学之道与朱子理学的思想存在很大分歧。陆氏主张"简易工夫，发明本心"，朱子则主张"格物穷理，致知力行"。双方带着各自的门生在鹅湖寺开展了为期十天的辩论，史称"鹅湖之辩"。尽管吕祖谦颇费心思地居中协调，鹅湖之会仍未能消除朱陆学术上的分歧，但加深了朱陆彼此间的理解。朱子理学与陆氏心学成为南宋时期重要的哲学思潮。

二、通力之作

淳熙二年（1175）三月底，吕祖谦从浙江入闽，据《东莱吕太史文集》记载："四月初一至五夫里访朱元晦，馆于书室。"吕祖谦的到来，使朱子十分高兴。朱子带领吕祖谦到周边走走，还参观了自己一手创办的社仓。吕祖谦见之大为惊叹："周官委积之法，隋唐义廪之制。"朱子与吕祖谦在五夫里更多的时间是花在学术探讨上。朱子此时正在研读讲授北宋四子（周敦颐、程

---

① 《朱子文集》卷八十二，《题伯恭所抹荆公目录》，第2页。
② 《朱子文集》卷三十三，《答吕伯恭三十八书》，第10页。
③ 《东莱吕太史文集》刊集卷八，《与朱侍讲第三十三书》，第5页。

颢、程颐、张载)的著述,深感北宋四子著述博大精深,难以为初学者所掌握。于是与吕祖谦商议,共同梳理北宋四子著述,采撷精华,编成理学入门之书,吕祖谦十分赞同。两人立即着手收集史料,撰写纲目。四月下旬,朱子邀请吕祖谦一起到建阳寒泉精舍,全面开始编写。朱子与吕祖谦通力合作,从北宋四子的《太极易说》、《西铭》、《正蒙》、《二程遗书》等二十七种著述中,采撷其中 622 条"关于大体而切于日用者"编纂成书。该书的纲目:一、道体;二、为学之要;三、格物穷理;四、存养;五、改过迁善,克己复礼;六、齐家之道;七、出处进退辞受之义;八、治国平天下之道;九、制度;十、君子处事之方;十一、教学之道;十二、改过及人心疵病;十三、异端之学;十四、圣贤气象。该书编成后,定名为"近思录",朱子专门写了序:

> 淳熙乙未之夏,东莱吕伯恭来自东阳,过予寒泉精舍。留止旬日,相与读周子、程子、张子之书,叹其广大闳博,若无津涯,而惧初学者不知所入也。因共掇取其关于大体而切于日用者,以为此编。总六百二十二条,分十四卷。盖凡学者所以求端用力,处己治人之要,与夫所以辨异端,观圣贤之大略,皆粗见其梗概。以为穷乡晚进有志于学,而无明师良友以先后之者,诚得此而玩心焉,亦足以得其门而入矣。如此然后求诸四君子之全书,沉潜反复,优柔厌饫,以致其博而反诸约焉。则其宗庙之美,百官之富,庶乎其有以尽得之。若惮烦劳,安简便,以为取足于此而可,则非今日所以纂集此书之意也。①

朱子在序中讲明了编写《近思录》的起因、过程和目的,对编成此书甚为满意,并期望有志于理学者,通过此书得其门而入,由近及远,由浅入深,"庶乎其有而尽得之"。吕祖谦也为《近思录》写序,强调"近思"之意在于"循是而进,自卑升高,自近及远,庶几不失纂集之指。若乃厌卑近而骛高远,躐等凌节,流于空虚,迄无所依据,则岂所谓'近思'者耶"?②

《近思录》于淳熙三年(1176)由婺州潘景宪首次刻板印行。此后,分别有淳熙五年(1178)张栻长沙刻本,绍熙元年(1190)朱子漳州自刻本,以及建阳书坊刻本。元、明、清历代刻本更多,现存的版本数量不下于四十种。《近思录》的注解本也不少,最早的注解本当推朱子的弟子杨伯嵒的《近思录衍注》,此注后世流传极少。朱子的另一位弟子叶采所作的《近思录集解》则流

① 《朱子全书》第 13 册,第 163 页。
② 《朱子全书》第 13 册,第 165 页。

传甚广。朱子的再传弟子何基作《近思录发挥》，也不及叶采集解的影响。元、明时期，陆续有赵顺孙的《近思录精义》、戴亨的《近思录补注》、黄续的《近思录义颣》、周公恕的《近思录分类集注》等。清代《近思录》注本更是接连而出，先有张伯行作《近思录集解》，接着李文炤也作《近思录集解》。稍后有茅星东作《近思录集注》，接着又有江永作《近思录集注》。

三、理学之梯

《近思录》是我国哲学史上第一部哲学文章选集，也是一部理学入门书。朱子说："四子，六经之阶梯；《近思录》，四子之阶梯。"《近思录》收集梳理北宋理学家周敦颐、程颢、程颐和张载的语录，为初学者铺设了理学入门的阶梯。

春秋末年，孔子集先贤之大成，创立了儒家学说，奠定了中华民族生存和发展的理论基础。西汉时以儒家为尊，儒学成为中国的主流文化。汉代末年，佛教传入，道教兴起，经过魏晋、南北朝、隋唐，佛教与道教愈加强盛，到了北宋初年，儒学几乎被边缘化。在中华民族主体文化面临生死存亡之际，北宋时期以周敦颐、程颢、程颐、张载为代表的一批大学者挺身而出，提出了恢复道统，振兴儒学的主张。他们通过著述立说，讲学授徒，排斥佛、道，弘扬道统，初创理学，开启儒学发展新阶段。

周敦颐(1017—1073)，又名周元皓，字茂叔，号濂溪、谥号元公，道州营道县(今湖南省道县)人，世称濂溪先生。少年时父病亡，投靠舅舅龙图阁学士郑向，因聪慧仁孝，深得郑向喜爱。周敦颐负笈在舅舅家的莲塘边参经悟道，后专门作《爱莲说》。周敦颐得舅舅恩荫入仕，先后任洪州分宁县主簿、南安军司理参军、荆湖南路郴州县令、大理寺丞、太子中舍、国子监博士、通判虔州、知南康军、虞部郎中等职。周敦颐虽说是任职繁多，也颇有政声，但真正令其留名青史的是著述讲学。他的主要著述有《周元公集》、《爱莲说》、《太极图说》、《通书》等。他的学说被称为"濂学"。他提出的无极、太极、阴阳、五行、主静、至诚、无欲、顺化等理学基本概念，为后世理学家反复引用和发挥，成为理学的开山鼻祖。故而《近思录》开篇便选用"濂溪先生曰：无极而太极，太极动而生阳，动极而静。静而生阴，静极复动。一动一静，互为其根;分阴分阳,两仪立焉。阳变阴合,而生水、火、木、金、土。五气顺布,四时行焉"[1]。

程颢(1032—1085),字伯淳,号明道,世称"明道先生"。程颐(1033—1107),字正叔,世称"伊川先生"。程颐是程颢的胞弟,并称"二程"。二程曾师从周敦颐,博学多才,无意于仕途,潜心著述讲学,为理学奠定基础。由于二程居住在洛阳,故二程之学被称为"洛学"。其主要著作编入《二程全书》。二程学说的基石是"天理论",从人伦道德出发,将儒家的仁义礼智信孝悌都纳入理的范畴,建立了以天理为核心的价值观。在《近思录》中撷取二程的理论观点占据相当分量。其实,在北宋四子中,二程对朱子的影响更为直接。因为当年"程门立雪"的两位福建学者游酢、杨时回归故里后开堂讲学,将二程之道三传至朱子。朱子集理学之大成,故而程朱理学成为宋明理学的别名。

张载(1020—1077),字子厚,祖籍大梁(今河南开封),生于长安(今陕西西安)。后侨寓于郿县横渠,世称"横渠先生"。张载是嘉祐年间进士,曾任签书渭州判官公事、崇文院校书,同知太常礼院。张载博览群书,其学以《易》为宗,以《中庸》为体,以孔、孟为法。认为世界万物的存在和现象都是"气",主张"理在气中"。由此演进,对有无、神化、聚散、性命等诸方面展开深入分析。因他寓居关中,其学说被称为"关学"。他最经典的四句名言:"为天地立心,为生民立命,为往圣继绝学,为万世开太平。"历代传颂不衰。《近思录》中还集录了不少关学的金句。

四、东亚之传

《近思录》是随着朱子学的东渐而传播到高丽和日本。最早从中国传入高丽的《近思录》(汉文原本),是高丽末由到中国访问的官方人士带回去的。据姜绍书《韵石斋笔读》的记载:"凡使臣入贡……在彼所缺者,日出市中,各写书目,逢人便问,不惜重值购回,故彼国反有异书藏本也。"

《近思录》传入高丽后,该国学者不断抄写、刻印,并进行仿编、续编、注解等,逐渐形成了系列的文献。到了朝鲜时期,李朝官方仿中国活字印刷术,大量刊印各类《近思录》,据程水龙教授《朱子〈近思录〉东亚版本研究》统

---

[1] 《朱子全书》第 13 册,第 167 页。

计，韩国现存高丽末至 20 世纪 40 年代的各类《近思录》版本达 180 多种。

高丽学者对《近思录》的受容有其自身的特点。一方面高度肯定《近思录》的理学思想价值，李朝学者吴熙常《续近思录序》说："窃惟朱子《近思》一书，即四书之律筏也。大而天人性命之源，细而日用躬行之实，包涵赅括，开卷灿然。其所以继往开来者，可谓至深至切矣。"另一方面，对《近思录》采取批判接受的态度，通过注解、问答、讲义、札记等形式，阐发己见，体现出该国本土的特色。

《近思录》传入日本的时间约在镰仓末期，彼时中日僧人交往频繁，僧人中的博学者常成为携书传学的文化使者。日本战国时期（1334—1392），后醍醐天皇在宫廷开设宋学讲筵，以程朱新义讲授"四书"，作为学习"四书"阶梯的《近思录》也在讲授内容之列。

到了江户时期，朱子学由宫廷走向社会，《近思录》受到各地学者的普遍重视。为了便于本国学者研读《近思录》，日本学者采取日文训点、翻译、注释、讲读、仿编等方式传播《近思录》，形成系列文献。根据水龙教授统计，日本现藏江户时期至 20 世纪 40 年代的《近思录》系列文献近 140 种。

与韩国一样，日本学者在高度肯定《近思录》思想理论价值的同时，也是批判性接受，或许还体现更多的主观认知。虽然日本有其本土文化取向，但以《近思录》为基石的朱子学在日本社会的影响是无法割弃的。

《近思录》从中国东传到朝鲜半岛和日本，影响巨大而且深远。各个国家流传的包括《近思录》在内的朱子学，虽然同中有异，各具特色，但其源在中国是毋庸置疑的。朱子学作为东亚文明的象征，也是毋庸置疑的。

继往开来之作

——《四书章句集注》

　　《四书章句集注》是朱子学中最核心的著作。要想了解朱子学以至整个儒家之学,《四书章句集注》是绕不过的经典。朱子以四书取代六经训诂之学,立四书承绪往圣之道统,用四书阐发义理思想,教四书开书院教材先河,为作四书注解付出了毕生的精力。《四书章集句注》成为朱子学继往开来的旗帜。

一、为"四书"注解付出毕生精力

　　"四书"是《论语》、《孟子》、《大学》、《中庸》四部著作的总称。《论语》是孔子言行的记录,《孟子》是孟子言行的记录。《大学》和《中庸》原是《礼记》中的两篇文章,后被单独成书。最早提出"四书"概念的是北宋的程颢、程颐,然而二程只是提出了基本的思想线索,尚未做系统深入地研究。受二程的启发,朱子对四书高度重视,倾其毕生的精力解说四书。朱子自称:"某于《论》《孟》,四十余年理会,中间逐字称等,不教偏些子。"[①]这里说的是朱子为精益求精地解说四书耗费了四十多年的精力。朱子阐释"四书"的著作很多,先后著有《论语集解》、《论语要义》、《论语训蒙口义》、《论孟集义》、《中庸集解》、《中庸章句》、《大学集解》、《大学章句》、《论语集注》、《孟子集注》、《论语或问》、《孟子或问》、《大学或问》、《中庸或问》、《四书或问》等。这些著作在撰写过程中,又经过不断修改、完善,才结集成为《四书章句集注》。而后又复修改、完善,直至临终前还在修订,最后达到完美的程度。

　　《四书章句集注》全面成书,大体可以分为成书与定本两个阶段,这两个阶段都与建阳密切相关。

　　其一,初步成书于寒泉。从乾道六年(1170)朱子葬母筑寒泉精舍起,至

---

①　黎靖德编:《朱子语类》卷十九,北京:中华书局,1986年,第437页。

淳熙六年(1179)朱子赴任江东南康知军,前后十年间,朱子主要寓居在寒泉精舍及云谷晦庵草堂,专心致志著述立说。这期间共编著完成了十九部二百六十六卷著作,其中就有《论语集注》十卷、《孟子集注》十四卷、《论语或问》二十卷、《孟子或问》十卷、《大学或问》二卷、《中庸或问》三卷。由此可以看出,《四书章句集注》的基本框架是在寒泉精舍及云谷晦庵草堂完成的。

其二,最后定本考亭。朱子虽然在寒泉及云谷完成了《四书章句集注》的基本框架,但尚未结集合刻。到了淳熙九年(1182),朱子在浙东提举任上,首次把《大学章句》、《中庸章句》、《论语集注》、《孟子集注》结集为《四书章句集注》合刻。从此,在中国文化史上第一次出现了"四书"之名,开创了四书学的新时代。具有"致广大,尽精微"学术精神的朱子,对此尚不满意,其晚年寓居考亭,仍然对《四书章句集注》一书进行了反复修改、完善,直至逝世前才最后定本,刻板于建阳。

人生的精力是有限的。一个人用一生精力能完成一二件于社会有益且流芳后世的事是很不容易的,然而朱子完美地做到了。他用毕生精力完成的《四书章句集注》,不仅将理学推上文化高峰,也为后世留下了珍贵的文化遗产。

二、立"四书"取代"六经"训诂之学

在中国经学发展史上,汉唐及之前的儒家学者对"六经"(即孔子整理的《诗》、《书》、《礼》、《易》、《乐》、《春秋》的合称,其中《乐》已失传)很是顶礼膜拜,而且喜欢采用对"六经"的训诂方法来治经,不太注重通过治"六经"来阐发义理。北宋开始,儒家学者逐渐重视"四书"中经学的价值。朱子集先贤学说之大成,首创"四书"合集之名,主张"四书"重于"六经",大力倡导四书学,成了经学史上划时代之举。故而有学者认为北宋之前为"六经"时代,南宋以后为"四书"时代。

朱子之所以强调"四书"重于"六经",是认为"四书"直接体现了圣人之道,而"六经"不过是佐证圣人之道的间接材料。朱子指出:《大学》、《中庸》、《语》、《孟》四书,道理粲然,人只是不去看。若理会得此四书,何书不可读,何理不可究,何事不可处!①还生动地比喻说:"《语》、《孟》、《中庸》、《大

---

① 黎靖德编:《朱子语类》卷十四,北京:中华书局,1986年,第249页。

学》是熟饭,看其他经,是打禾为饭。"①形容读"四书"能直接吸取圣人之道,而"六经"则与圣人之道相隔两重,甚至三四重,难以吸取。

当然,朱子主张立"四书"取代"六经"训诂之学,并非否定"六经"的价值,废弃"六经"训诂之学。而是主张在经学主次上,"四书"为主,"六经"为从;在经学顺序上,先学"四书",后学"六经"。朱子强调:"今学者不如且看《大学》《语》《孟》《中庸》四书,且就见成道理精心细求,自应有得。待读此四书精透,然后去读他经,却易为力。"②由此也可看出朱子在治经上既守原则性,又有创新性。

三、以"四书"承绪圣人之道统

所谓道统,指儒家圣人之道的传承脉络和系统,其发端于孔子。孔子在《论语·尧曰》中,追叙尧以"允执其中"之道授舜,舜也以"允执其中"之道传授禹。孟子则进一步追叙:"由尧舜至于汤,五百有余岁。……由汤至于文王,五百有余岁。……由文王至于孔子,五百有余岁。"③认为凡五百年必有王者兴。汉代董仲舒更直接明了地指出:"禹继舜,舜继尧,三圣相受而守一道。"④唐代的韩愈详细地叙述:"斯吾所谓道也,非向所谓老与佛之道也。尧以是传之舜,舜以是传之禹,禹以是传之汤,汤以是传之文、武、周公,文、武、周公传之孔子,孔子传之孟轲。轲之死,不得其传焉。"⑤从孔子、孟子至董仲舒、韩愈,都对圣人之道一脉相传做了阐述,却未有"道统"一说。"道统"一词的发明权属于朱子。

朱子在其所作的《中庸章句序》中首次提出"道统"之说:"《中庸》何为而作也? 子思子忧道学之失其传而作也。盖自上古圣神继天立极,而道统自传有自来矣。"⑥朱子不仅首创"道统"之词,而且阐明"道统"之义:"夫尧、舜、禹,天下之大圣也。以天下相传,天下之大事也。以天下之圣,行天下之大事,而其授受之际,丁宁告戒,不过如此。则天下之理,岂有以加于此哉?

① 黎靖德编:《朱子语类》卷十九,北京:中华书局,1986 年,第 429 页。
② 黎靖德编:《朱子语类》卷一一五,北京:中华书局,1986 年,第 2278 页。
③ 《孟子·尽心下》。
④ 《汉书·董仲舒传》。
⑤ 《韩愈·原道》。
⑥ 《四书章句集注》之《中庸章句序》。

自是以来,圣圣相承,若成汤、文、武为君,皋陶、伊、傅、周、召之为臣,既皆以此而接夫道统之传。若吾夫子,则虽不得其位,而所以继往圣,开来学,其功反有贤于尧舜者。"①在此,朱子又首创了"继往开来"之说,把继承与发展结合起来,为道统说赋予时代的特征,开辟了广阔的道路。

四、用"四书"奠定理学之基础

朱子理学是庞大的理论体系,其基石就是"四书"学。朱子认为义理蕴涵在"四书"之中,故透过"四书"的注解,一步一步地阐发义理,使其构建的理学内容不断丰富,体系不断完善。

朱子透过《大学章句》阐发义理。朱子把明明德、亲民、止于至善作为《大学》的三纲领,把格物、致知、诚意、正心、修身、齐家、治国、平天下作为《大学》的八条目,指出:"明德者,人之所以得乎天,而虚灵不昧,以具众理而应万事。"②强调治《大学》的目的就是懂得格物穷理:"圣人不令人悬穷理,须要格物者,是要人就那上见得道理破,便实。"③还强调要把"见得道理"视为治《大学》的第一要务。

朱子透过《论语集注》阐发义理。朱子认为《论语》一书记载了孔子的言论,其中包含了无穷的道理,指出:"孔子言语一似没紧要说出来,自是包含无限道理,无些渗漏。"④朱子就《论语》中的"克己复礼为仁",逐字解释:"仁者,本心之全德;克,胜也;己,谓身之私欲也。复,反复也。礼者,天理之节文也;为仁者,所以全其心之德也。盖心之全德,莫非天理,而亦不能不坏于人欲。"⑤指明"克己复礼"就是克制人欲而复归天理。

朱子透过《孟子集注》阐发义理。朱子在解读孟子的"尽其心者,知其性也。知其性,则知天矣"之论时,指出:"心者,人之神明,所以具众理而应万事者也。性则心之所具之理,而天理又所以从出者也。人有是心,莫非全体,然不穷理,则有蔽而无以尽乎心之量。故能极其心之全体而无不尽者,

---

① 《四书章句集注》之《中庸章句序》。
② 《四书章句集注》之《大学章句》,第3页。
③ 黎靖德编:《朱子语类》卷十四,北京:中华书局,1986年,第257页。
④ 黎靖德编:《朱子语类》卷十九,北京:中华书局,1986年,第444页。
⑤ 《四书章句集注》之《论语集注》卷六。

必其能穷夫理而无不知者也。既知其理,则其所从书,亦不外是矣。"①很巧妙地把心性论与天理论结合起来。同时,朱子还指出,孟子讲的"尽心、知性"与佛家讲的"尽心、知性"有本质的不同:"如吾儒尽心,只是尽君臣父子等心,便见有是理。性即理也。如释氏所谓'尽心,知性',皆归于空虚。"②鲜明地将儒家的心性论与佛家的心性论划清界限。

朱子透过《中庸章句》阐发义理。朱子在分析《中庸》立言本义时指出:"子思述所传之意以立言:言明道之本原出于天而不可易,其实体备于己而不可离,次言存养省察之要,终言圣神功化之极。"③认为《中庸》立言的本意是道出于天,又存于己心,只有下足存养省察的功夫,才能真正达到圣神功化的境界。朱子还将《中庸》的思想阐发为天理的本质属性:"诚者,真实无妄之谓,天理之本然也。……圣人之德,浑然天理,真实无妄,不待思勉而从容中道,则亦天之道也。"朱子抓住一个"诚"字,便打通了伦理与天理融合的通路。

朱子透过《四书章句集注》对义理的阐发,为构筑理学体系奠定了厚实的理论基础。

五、教四书开书院教材先河

书院自唐代兴起,至宋代鼎盛,然而书院的教材建设十分薄弱。南宋以前多以"五经"(即以《易》、《诗》、《书》、《礼》和《春秋》)为主要教材,再辅以书院主持者所偏好的读物。朱子编写《四书章句集注》的初衷,除了承续道统、弘扬义理的目的外,便是试图改变书院教材上杂乱无主的状况,以"四书"取代"五经",开创书院教材建设的新局面。为了让学者更易读懂四书,朱子还就四书学习的先后次序做了精心安排和阐述。据朱子的得意门生黄榦记载:"先生教人,以为不发乎《大学》,则无以提纲挈领,而尽《论》《孟》之精髓;不参之以《论》《孟》,则无以融会贯通而极《中庸》之旨趣。然不会其极于《中庸》,则又何以建立大本,经纶大经,而读天下之书,论天下之事哉?"④

---

① 《四书章句集注》之《孟子集注》卷十三,第349页。
② 黎靖德编:《朱子语类》卷六十,北京:中华书局,1986年,第1432页。
③ 《四书章句集注》之《中庸章句》第18页。
④ 《勉斋集》卷三十六,《朱先生行状》。

朱子晚年寓居考亭,对《四书章句集注》做最后修订,并在考亭书院正式刊刻,成为朱子生平刊刻的最后一部著作,也是在考亭书院时将《四书章句集注》正式列为主要教材,开启了书院教材建议之先河。此后,南方诸多书院纷纷仿效,掀起"四书"学的热潮。然而好景不长,庆元二年(1196),朱子蒙冤,被打成"伪学之魁",其《四书章句集注》及《语录》遭禁毁。直到宝庆三年(1227)宋理宗皇帝为朱子平反,下诏:"朕观朱熹集注《大学》、《论语》、《中庸》、《孟子》,发挥圣贤蕴奥,有补治道。朕方励志讲学,缅怀典型,深用叹慕,可加赠太师,追封信国公。"宝庆十四年(1238)再次下诏:"朕惟孔子之道,至我朝周敦颐、张载、程颢、程颐,真见实践,深探圣域,千载绝学。中兴以来,一是朱熹精思明辨、折中融会,使《大学》、《论》、《孟》、《中庸》之者贯门洞彻,孔子之道,盖以大明于世。"①《四书章句集注》终于又重见天日。此后,《四书章句集注》不仅成为全国书院的必修教材,而且流传东亚,被朝鲜、日本引用为教科书。

朱子不仅精心编撰《四书章句集注》,而且亲自讲授和指导"四书"学,强调"四书"学习要由浅入深,循序渐进。朱子在安排"四书"次序上独具匠心,还通过书信答疑解惑,指导门生学习《四书章句集注》,在《朱文公文集》中所载的相关书信多达数十封。

明代心学大师王阳明评价朱子时曾说:"朱熹的精神气魄宏大,早年他立志效法圣贤,继往开来。因而他一直在著述上苦下功夫。"②朱子倾注毕生精力完成的《四书章句集注》是其立志"继往圣,开来学"的最高成就,也是其登上理学顶峰的基石。

① 《宋史纪事本末》卷八十。
② 《王阳明全集》卷三十四,《传习录》。

综罗百代之作
——《资治通鉴纲目》

朱子是一位伟大的思想家、教育家,也是一位杰出的史学家,《资治通鉴纲目》是朱子史学上的代表作。《资治通鉴纲目》综罗百代,记载了上起周威烈王二十三年(公元前403年),下迄周世宗显德六年(959年),共1362年的史事,是朱子著作中唯一的一部纲目体史书。《资治通鉴纲目》是朱子在其门生的协助下,在研读司马光的《资治通鉴》和胡安国的《资治通鉴举要补遗》的基础上,别为义例,兼采他书,增损隐括而成的,集中体现了朱子的史学观,对后世史学产生了深远的影响。

一、司马光与《资治通鉴》

北宋时期,史学勃兴,出现了不少史学家,其中最具代表性的是司马光。

司马光(1019—1086),字君实,号迂叟,陕州夏县(今山西省夏县)人,世称涑水先生。司马光出生于光州光山(今河南省光山县),此时其父司马池任光山县令,故将刚出生的儿子起名"光"。六岁时,司马池就开始教儿子读书。司马光从小聪慧,七岁时,不仅能背诵《左氏春秋》,还能讲述其要意,尤其是做出了"砸缸救友"这样一件流芳千古的事。司马光深得父亲的喜爱和器重,着意培养。司马池每逢出游或与好友相会,总将司马光带在身边,耳濡目染,增长知识。少年时代的司马光随着父亲任职的变动,辗转河南、陕西、四川多地,走南闯北,开阔眼界。

宝元元年(1038),司马光20岁,参加礼部会试,一举高中进士甲科,从此步入仕途。初任华州(今陕西华县)判官,展露才华,得到尚书张存的赏识,主动将女儿许配成婚。宝元二年(1039),因父亲调往杭州任职,为便于探望父母,司马光辞去华州判官,改任苏州判官。正当他的仕途步步上升时,其母逝世,辞官服丧三年。不久,其父也病亡。双亲的相继去世,令司马光悲痛万分,但他没有因此而消沉,而是把悲痛化为发奋研学的动力,开始走上著述立说之路。在居丧期间,他读了大量的史书,写了《十哲论》、《四豪论》、《贾谊论》,对古人史事发表自己的感受和见解。庆历四年(1044),二十六岁的司马光服丧结束,签书武成军判官。不久改宣德郎,又改权知丰县事。政事之余,他大量阅读典籍,写了《机权论》、《才德论》、《廉颇论》、《项羽诛韩生》、《汉高祖斩丁公》等几十篇论文。庆历六年(1046),司马光奉诏赴京,任大理评事、国子直讲。皇祐三年(1051)由宰相庞籍推荐,任馆阁校勘,同知太常礼院,后又任殿中丞,除史馆检讨,修日历,改集贤校理,专任史官。从此,司马光开始了对历史的系统研究。正当司马光潜心于历史研究时,庞籍被罢相降职,司马光也遭贬出京到地方任职。直至嘉祐六年(1061),仁宗下诏,司马光回京,擢修起居注,后为起居舍人,同知谏院。嘉祐八年(1063)仁宗驾崩,英宗即位,司马光留任谏职。然而此时两宫矛盾加剧,司马光为消除太后与英宗的隔阂,先后上疏章奏17封,讲历史,摆利害晓太义,促进两宫矛盾缓和。治平二年(1065),司马光任龙图阁直学士,仍留任谏职。司马光一心治史,经再三请辞,仁宗准他辞去谏职,保留龙图阁直学士,专心修史。治平三年(1066),司马光完成《通鉴》呈送仁宗阅后大为赞赏,下诏设立书局,由司马光掌管。治平四年(1067),英宗病亡,神宗即位,此后又起新旧党争。司马光因与王安石变法政见不同,不愿接受神宗委任的政务官职,自请离京,任职西京留司御史台,以书局自随,不论政事,专注修史。元丰七年(1084),历经十九年,他撰编的《通鉴》共294卷全面完成。神宗对《通鉴》十分重视,将书的每编首尾都盖上皇帝的睿思殿图章,赐书名《资治通鉴》,并亲为写序,降诏奖谕司马光,擢升资政殿学士。元丰八年(1085),神宗又病亡,哲宗即位。司马光很受倚重,被诏除授尚书左仆射兼门下侍郎。暮年的司马光虽然位高相位,在谋政之余,仍未忘治史,将《资治通鉴》进行了最后的校订。元祐六年(1091),司马光病亡,享年68岁,获赠太师、温国公,谥文正。

二、胡安国与《资治通鉴举要补遗》

南宋初年,《资治通鉴》虽热传于学界,但其浩繁冗长,令人难以卒读。于是便有一批学者尝试对《资治通鉴》删繁就简,以举其义,其中以胡安国所作的《资治通鉴举要补遗》最具影响。

胡安国(1074—1138),字康候,号青山,福建崇安县人。因崇安县境内有武夷山被称为武夷先生,是北宋末南宋初著名的经学家、理学家,湖湘学派的创始人之一。胡安国从小聪明好学,幼时能背诵《训童韵语》。15岁那年,他就读于州学。一日,州学前来了戏班子演出,整个州学的学子全都弃学前往观看,唯有他一人仍然毫不动心地守在书斋读书,令州学教授感到惊喜,赏赠笔砚。两年后,被举荐去太学学习,在这段时间里,他拜程颢、程颐之友朱长文和程颐的弟子谢良佐为师,接受了程颢、程颐的学说,尊崇二程为孔孟道统的传承人,成为执着的理学信奉者。

绍圣四年(1097),胡安国进士及第,步入仕途。先提举荆湖北路学事,旋改使湖南路学事,后任职成都府。因父母相继去世,居家服丧。除丧后,虽朝廷屡有任用,皆推辞不就,直至绍兴元年(1131)就任中书舍人兼侍讲,上《时政论》21篇,包括定计、建都、制国、恤民、立政等。胡安国在复任为官不久,便厌倦官场,辞职退隐。绍兴二年(1132)为躲避战乱,胡安国举家南迁于潭州湘潭定居,创建碧泉书院,著述讲学,"前后居潭三十余载"。尔后,还在衡山山麓创办文定书院。胡安国晚年以著述讲学为业,其门下除了自己的子侄胡寅、胡宁、胡宏、胡宪之外,还吸引了众多湖湘学子,相从数十人,由此始创了理学史上著名的湖湘学派。绍兴八年(1138),胡安国逝世,葬于隐山,赐谥"文定"。

胡安国是一位博学多闻的经学家和史学家。《春秋传》和《资治通鉴举要补遗》是他的经学和史学的代表作。他撰编《春秋传》花费的时间很长,约从崇宁四年(1105)开始筹划,分三个阶段进行。第一阶段,用十年时间收集史料。第二阶段,用十年时间简编条目。最后阶段,用十年时间撰述,并不断修改完善。《春秋传》直至绍兴五年(1135)才全面完成,历时三十年。胡安国作《春秋传》志在经世济民,盛于时事,借史寓意,不拘章句训诂,使《春秋传》成为宋代以义理治史的经典之一,受到宋高宗褒奖,诏为宝文阁直学士。元代以降,《春秋传》成为历代科举士人必读的教科书。胡安国作的《资治通鉴举要补遗》长达100卷,比仅有30卷的《春秋传》更长,但花费的时间却要短些。《资治通鉴举要补遗》是胡安国晚年而撰,因司马光之遗稿补修而成。虽然此书不如《春秋传》影响大,但在南宋史学界被广为传抄,只可惜今已佚。

胡安国的学说对朱子影响颇深。胡安国的侄子胡宪,从小师从胡安国,是胡安国的嫡传者。胡宪,字原仲,崇安县籍溪里人,世称籍溪先生。胡宪于中乡贡入太学。当时查禁伊洛之学,他与乡人刘勉之暗地传抄背诵。不久,因父母年迈,辞归崇安五夫里,耕作卖药,侍奉父母,孝声传闻朝野。绍兴六年(1136)诏赐进士,授左迪功郎,建州教授。后以亲老请准回乡。年届75岁时,又被朝廷诏为秘书省正字。绍兴三十二年(1162)因病逝世,享年77岁,谥靖肃公。

胡宪早年隐居乡里时,与朱子的父亲朱松交往甚厚。朱松病亡临终前,特嘱其子朱熹拜胡宪和刘子翚、刘勉之三先生为师。朱子曾说:"从三君子游,事籍溪先生最久。"胡宪是三先生中最精通《礼》学与《论语》学的,常为朱子讲解《礼》和《论语》,这对于朱子礼学思想和四书学思想的形成产生重大影响。胡安国的《春秋传》和《资治通鉴举要补遗》也是由胡宪为朱子讲读的,给少年时代的朱子打下了义理论史的思想烙印,为成年后的朱子编撰《资治通鉴纲目》打下了基础。朱子在《建宁府崇安县学二公祠记》中写道:"胡公闻道伊洛,志在《春秋》。著书立言,格君垂后,所以明天理、正人心、扶三纲、叙九法者,深切著明,体用该贯,而其正色危言,据经论事,刚大正直之气,亦无所愧于古人。"①从中可以看出朱子对胡安国及其学说的尊崇。

三、朱子作《资治通鉴纲目》

朱子少年时在胡宪指导下读胡安国的《春秋传》和《资治通鉴举要补遗》。成年后研读了司马光的《资治通鉴》及《通鉴考异》、《通鉴目录》,总觉得司马光之作卷帙浩大,读者寥寥,而胡安国之作,虽"文约事备",但读者不能有以领其要而及其详也。因此,动念在司马光和胡安国"两公四书,别为义例,增损隐括",新编一书,书名定《资治通鉴纲目》。

朱子编撰《资治通鉴纲目》,约在其寓居建阳寒泉精舍和云谷晦庵草堂期间。乾道八年(1172),朱子编出了凡例,写出初稿,而后交由门生蔡元定、李宗思、詹体仁等分工编纂。《资治通鉴纲目》在朱子逝世前尚未定稿,嘉定三年(1210),李方子从朱子的季子朱在处得到了书稿,爱不释手。嘉定九年(1216),李方子任泉州观察推官,将书稿呈送时任泉州知州的真德秀。真德秀读后,大加赞叹:"盖穷理致用之总会,而万世史笔之准绳规矩也。"嘉定十一年(1218),真德秀请朱在新校之本,参稽考订,在泉州刻印。嘉定十二年(1219),《资治通鉴纲目》首次成书发行。因泉州历史别称"温陵",故此书初

① 《朱子全书》第24册,第3708页。

始本被称为"温陵本"。

《资治通鉴纲目》共分四册五十九卷。第一册 14 卷,起周烈王二十三年(公元前 403),至蜀汉后主建兴五年(227);第二册 16 卷,起汉后主建兴六年(228),至梁高祖普通六年(525);第三册 15 卷,起梁武帝普通七年(526),至唐代宗大历十三年(778);第四册 14 卷,起唐代宗大历十四年(779),至周世宗显德六年(959)。朱子在《资治通鉴纲目》中,以其理学家的眼光,用春秋的笔法,昭鉴戒,辨名分、正纲常,以维护封建统治。其中尤为突出的是,对《资治通鉴》以魏纪年叙述三国史实进行变动,改作以蜀汉纪年,以此宣扬封建正统观念。《资治通鉴纲目》"大书以提要,分注已备言"①,即以大字提要为纲,从小字分注为目,从义理上寓褒贬于其中。所谓分注,内容广泛,有追原其始者,有遂言其终者,有详陈其事者,有备载其言者,有因始终而见者,有因拜罢而见者,有因事类而见者,有因家世而见者。有温公所立之言,所取之论;有胡氏所收之说,所著之评。而两公所遗,与夫近世大儒先生折中之语,均博采以附其间。实际上,《资治通鉴纲目》是融编年体、纪传体、纪事本末体、历史评论等为一体,形成史书编撰上的一种创新体裁,称为"纲目体"。

《资治通鉴纲目》对后世史学影响深远,这从历代对《资治通鉴纲目》的刻板的重视中就足以说明。《资治通鉴纲目》温陵本问世后,真德秀于是年向朝廷上书,请求将《资治通鉴纲目》书版上送国子监,"以给四方之求"②。经朝廷允准,《资治通鉴纲目》刻板从泉州移送临安,置于国子监中。从此,《资治通鉴纲目》进入官方治史书目之列。宋亡,国子监废,而国子监的刻板库仍存。元代至元二十八年(1291),朝廷在国子监故址上改建的西湖书院,承担起原国子监藏书刻板的使命,《资治通鉴纲目》得以保存并重新刊印。明初,西湖书院的藏书移交南京国子监,《资治通鉴纲目》也列在其中。明初的几位皇帝对《资治通鉴纲目》鉴本均很重视。洪武十五年(1382),因国子监藏版残损,洪武帝命诸儒考补,工部督修。后又将国子监印本赐给北方学校。永乐二年(1404),成祖帝命工部修补国子监经籍版。宣德六年(1431),宣宗帝再次命工部修补国子监缺版。明代中叶后,南邑管理松懈,国子监刻本流出宫廷,流行于社会。为应四方之求,科举之需,各地官署、民间书坊均

① 《朱子全书》第 8 册,第 21 页。
② 《朱子全集》附录二,《资治通鉴纲目后序》,第 3500～3501 页。

纷纷翻刻,出现多种多样的刻本。清初,康熙帝极为推崇朱子,对于《资治通鉴纲目》的明末刻本亲加评定,又命吏部侍郎宋荦校刊,在康熙四十七(1708)刻印于武英殿。因此本为康熙帝亲自评定,由吏部侍郎奉旨校刊,故校勘精美,纠正了前朝滥刻泛印而造成的诸多谬误,从而成为近代常用之本。

　　《资治通鉴纲目》问世流传后,历代学者有诸多评论,当是仁者见仁,智者见智,而其中鼎力促成《资治通鉴纲目》问世的李方子应是感悟最深的。他在宋温陵刻本《资治通鉴纲目》后序中写道:"至于此书之成,义正而法严,词核而旨深,陶镕历代之偏驳,会归一理之纯粹,振麟经之坠绪,垂懿范于将来,盖斯文之事备矣。"这或许是对《资治通鉴纲目》最言简意赅的中肯评价。

荣当国礼之作
——《楚辞集注》

朱子的《楚辞集注》曾被毛泽东主席当作国礼赠送给日本首相田中角荣，在中日恢复邦交关系中留下了一段佳话。

1972 年 9 月，日本首相田中角荣率团访问中国，开启中日关系破冰之旅。毛泽东主席和周恩来总理在中南海会见了田中角荣首相和大平正芳外相。田中角荣首相赠送给毛泽东主席的国礼是日本著名画家东山魁夷的风景画《春晓》，其寓意不言自明：中日之间明媚的春天开始了。毛泽东主席给田中角荣首相的回礼是赠送朱子的《楚辞集注》线装本，其寓意似与田中角荣在中方欢迎宴会上的致辞中使用"迷惑"一词来表述日本侵华战争谢罪有关。中文和日文都有"迷惑"一词，其意思是不一样的。古汉语中"迷惑"的意思就是"添麻烦"。田中角荣在致辞中说："遗憾的是，过去几十年间，日中关系经历了不幸的过程。其间，我国给中国国民添了很大的麻烦，我对此再次表示深切的反省之意。"其中"麻烦"就是用日语"迷惑"一词。对此，毛泽东主席指出："年轻人坚持说'添了麻烦'这样的话不够分量，因为在中国，只有像出现不留意把水溅到妇女的裙子上，表示道歉时才用这个词。"①"迷惑"一词源于《楚辞·九辩》："慷慨绝号不得，中瞀乱兮迷惑。"经过中方的交涉，日方接受中方意见，在双方发表的正式文件中改为："日本方面痛感日本过去由于战争给中国人民造成的重大责任，表示深刻的反省。"从而为中日邦交正常化铺平了道路。田中角荣首相视《楚辞集注》为珍宝，回到日本后立即要求读卖新闻社将《楚辞集注》复印 1000 套，并专门编号，分送给日本政要和好友。同时，还通过外交部回赠一套送给毛泽东主席。自此，毛泽东主席的书房中多了一套日本复印的《楚辞集注》。

朱子的《楚辞集注》是怎样的一本书？朱子如何编纂《楚辞集注》？为何时隔八百多年，《楚辞集注》至今仍具有这么大的影响力？这是值得了解和

---

① 毛泽东为啥送田中角荣《楚辞集注》，《中国礼学纂话》，新华网：2011 年 7 月 16 日。

探究的。

一

楚辞,通常指以屈原为代表的战国诗人所创作的一种文体。自汉代的刘向将屈原、宋玉、贾谊等人的作品编纂成集,并定名为《楚辞》,楚辞又成为一部诗歌总集的专称。由于后世文人不断推崇《楚辞》蕴含的在逆境中坚守高尚的情操和追求理想的精神,楚辞也成为不屈不挠的屈原精神的代称。

屈原是《楚辞》的化身,屈原精神是《楚辞》的灵魂。

屈原(公元前339—前278年),名平,字原,又字灵均,出生于楚国丹阳(今湖北宜昌)的贵族世家。少年时受过良好的教育,聪明好学,志向远大。屈原早年受楚怀王的信任,历任左徒、三闾大夫,兼管内政外交大事,"入则与王图议国事,以出号令;出则接遇宾客,应对诸侯"(《史记·屈原列传》),可谓风光无限。屈原提倡"美政",主张对内举贤任能,修明法度,对外力主联齐抗秦。然而屈原的主张和作为遭受贵族旧臣的排挤诽谤,昏庸的君王将屈原先后流放到汉北和远湘流域。楚国在昏君和奸臣的治理下逐渐衰落,最后被秦军攻破了楚国郢都。屈原悲愤交加,自沉于汨罗江,以身殉国。

屈原是一位伟大的爱国志士,也是一位伟大的爱国诗人。屈原创立的楚辞,开启了中国浪漫主义文学的先河。《楚辞》中的"离骚"和《诗经》中的"国风",并称为"风骚",对后世的中国以至世界的诗歌创作产生了深远影响。1953年,在屈原逝世2230周年之际,世界和平理事会通过决议,确定屈原为当年纪念的世界四大文化名人之一。

除屈原之外,其他几位楚辞作家也都是在中国文学史上很有影响的人物。如宋玉,楚襄王时为官,出身虽不高贵,却进入楚王御用文人之列。宋玉尚楚辞,《史记》称他:"好辞而以赋见称,然皆祖屈原之从容辞令,终莫敢直谏。"又如贾谊,汉代洛阳人,青年时就以博学多才而驰名乡郡,年仅二十来岁,便被汉文帝召为博士,不久升太中大夫。贾谊好议国家大事,却遭受权贵的排挤,被贬出朝廷,郁闷而终,只活了三十三岁。再如淮南小山,身为淮南王刘安的门客,虽才华横溢,却未能显达。这些楚辞作家都与屈原有着某种共同之处,内心正直,却屡遭排挤;才华横溢,却怀才不遇。因此,他们成了屈原的异代知音,感同身受地延续楚辞的创作,不屈不挠地弘扬屈原的精神。

二

《楚辞集注》是朱子晚年所作,一般认为始于绍熙五年(1194)在潭州荆湖南路安抚使任上。朱子早年读过《楚辞》,很是喜爱。或许是到了楚地赴任,更加深了对《楚辞》的感悟,萌发了研究《楚辞》的兴致。不久,朱子奉召入朝担任经筵侍讲。朱子满怀爱国忧君之诚,利用讲筵向宁宗直谏,触犯了权臣韩侂胄。宁宗听信谗言,将朱子贬出朝廷,回归建阳考亭。朱子两年后再遭诬陷,被打成"伪学逆党",险遭杀身之祸。此时此境与屈原当年的遭遇何其相似?更令朱子感同身受。朱子意借注解《楚辞》抒发忧国忧民之思,寄托继往开来的政治理想。凭借信念的力量,朱子在蒙冤受难之时,疾病呻吟之苦,仍坚持写作。据蔡沈《梦奠记》载:"先生死前之日,又修《楚辞》一段。"直至生命的终结时,《楚辞集注》尚未完成,尔后由其子朱在于嘉定五年(1212)取朱子的遗稿"誊写成编",至嘉定十年(1217)《楚辞集注》全书刻行于世,距朱子作古已十七年了。

朱子作《楚辞集注》八卷,以王逸《楚辞章句》为底本,但对前人的《楚辞》篇目选编不甚满意,认为《七谏》、《九怀》、《九叹》、《九思》是无病呻吟之作,都删了去。同时,将贾谊的《屈原赋》、《鵩鸟赋》收了进去。朱子将这些楚辞作品分为两个部分:屈原之作五卷命名为"离骚",编次为卷一《离骚经》,卷二《离骚九歌》,卷三《离骚天问》,卷四《离骚九章》,卷五《离骚远游》、《离骚卜居》、《离骚渔夫》。非屈原之作皆冠以"续离骚",编次为卷六《续离骚九辩》,卷七《续离骚招魂》、《续离骚大招》,卷八《续离骚惜誓》、《续离骚吊屈原》、《续离骚服赋》、《续离骚哀时命》、《续离骚招隐士》。书后附《楚辞辩证》两卷和《楚辞后语》六卷。

朱子的《楚辞集注》不同于王逸的《楚辞章句》和洪兴祖的《楚辞补注》,虽然随文注释较为详尽,但更在义理方面多所阐发,以达到"庶几读者得以见古人于千载之上,而死者可作,又足以知千载之下有知我者,而不恨于来者之不闻也"①。

三

自战国时期的屈原创作《楚辞》,传至南宋时期已经一千余年。朱子作

---

① 《朱子全书》第 19 册,第 17 页。

《楚辞集注》至今又近千年了，然而楚辞和《楚辞集注》的影响仍是长盛不衰。这其中的奥秘就在于它蕴含的精神力量。

第一，《楚辞》和《楚辞集注》蕴含着伟大的爱国精神。屈原一心为国，虽身处逆境，仍关注国家兴亡。每闻楚国战事失利，国家衰败，莫不痛心疾首，以致形容枯槁，即使没有人理解，也绝不改一腔赤忱，最后投江自尽，以身殉国。两千年来，中国的百姓将屈原忌日立为端午节，以包粽子、划龙舟的方式纪念这位伟大的爱国志士。

第二，《楚辞》和《楚辞集注》蕴含着坚韧的求索精神。屈原在《天问》中提出了172个问题，体现对自然运行和社会历史强烈探索精神。屈原在《离骚经》中通过苦苦追求美人的描写，表达了不怕艰难，勇于追求真理的志向："路漫漫其修远兮，吾将上下而求索。"

第三，《楚辞》和《楚辞集注》蕴含着高尚的修身精神。屈原在《橘颂》中歌颂独立不迁，坚守节操、无私奉献的风格。还在多篇诗中借用香草形容美德。经常将香草佩带身上，"纫秋兰以为佩"，朝夕不离，乐此不疲，"民生各有所乐兮，余独好修以为常"。

第四，《楚辞》和《楚辞集注》蕴含着卓然不群的廉洁精神。屈原因正直奉公而遭受结党营私之辈的排挤打压，但他坚贞不屈，不屑于同混浊流，"世人皆醉我独醒，世人皆浊我独清"，绝不肯向奸佞势力低头，"宁溢死以流亡兮，余不忍此志也"。

第五，《楚辞》和《楚辞集注》蕴含着锐意进取改革精神。屈原针砭时弊，向楚王提出了"举贤才而授能"、"富国而民强"、"联齐而抗秦"等诸多兴国安民之策，然而这些美政主张不但没有被楚王采用，反而得罪了奸佞权贵。屈原面对守旧派的责难与打压，仍然正气凛然，"虽九死犹未悔"。

朱子对《楚辞》中蕴含的爱国、求索、修身、廉洁、改革等精神，极能引起共鸣。朱子何尝不是集赤诚爱国、善于求索、注重修身、持守廉洁、勇于改革于一身，同样不被君王所用，又遭奸佞权贵的打压。朱子主张"文心载道"，其实也是文为心声。屈原作《楚辞》以明心志，朱子则是通过注释《楚辞》以达心声。

对于朱子作《楚辞集注》的心迹，后世学者评论很多，其中以明代学者何乔新的评论较为全面。他在《明成化十一年(1475)吴原明刊本序》中写道：

> 朱子以豪杰之才，至贤之学，当宋中叶，厄于权奸，迄不得施，不啻屈子之在楚地也。而当时士大夫希世媒进者，从而沮之排之，目为伪

学,视子兰、上官之徒,殆有甚焉。然朱子方且与二三门弟子讲道武夷,容与乎溪云、山月之间,所以自处者,盖非屈子之所能及。间尝读屈子之辞,至于所谓"往者余弗及兮,来者吾不闻"而深悲之。乃取王氏、晁氏之书,删定以为此书,又为注释,辨其赋比兴之体,而发其悲忧、感悼之情。繇是作者之心事,昭然于天下后世矣。[1]

屈原和朱子两位文化巨人虽相隔千年,却是心灵相通,前后呼应,令《楚辞》经久不衰,世代传诵。

---

[1] 《朱子全书》第 19 册,第 315 页。

训蒙培根之作

——《小学》

朱子是伟大的思想家，也是伟大的教育家，他将毕生的主要精力用在了教育上。他从小学教育到大学教育，构建了完整的教育思想体系。他带着门生编纂的《小学》成为其完整教育思想体系的基石，弥补了南宋之前中国教育史上小学教育理论的空白。

一、重视小学教育

朱子在教育思想上承续了孔孟的道统，同时又有所超越，最显著之处就在于他不仅像孔孟一样重视大学阶段的教育，而且特别重视小学阶段的教育。

朱子从自身的成长中感悟到小学阶段的教育是人生的基础。朱子的乳名叫沈郎，五岁时便由父亲朱松送入书堂读书。朱松在《与内弟程复亨书》中说："媳妇生男名五二，今五岁，上学矣。"朱子自己常常回忆起少年时期读书的情况，据《朱子语类》载录：

"某五六岁时，必便烦恼个天体是如何？外面是何物。"

"孟子所谓弈秋……某八九岁时，读《孟子》到此，未尝不慨然发奋。"

"某自卯读四书，甚辛苦。"

"向年十岁，道人授以符印，父兄知之，取而焚之。"

"熹年十一岁，先君……乎书此赋（指《昆阳赋》）以授熹。"

"某十二三岁时，见范丈所言如此。他甚自喜，以为先儒所未尝到也。"

据《朱文公文集》载录：

"熹年十三四时，受其说指《论语》于先君（指朱松）。"

"熹年十四师从屏山先生，受教于六经堂，与珙共事。"

从上述所列举的朱子自我回忆录中可以看出，他从五岁至十四岁的少年时期,在书堂或在家里接受系统的启蒙教育,这为他成年后的学习深造打下了坚实的基础。

先秦时期,教育是有分阶段的。秦始皇"焚书坑儒"之后,圣贤经籍不全,难以考究古人为学的次第。汉代之后,虽然儒学得以复兴,然而教育阶段次序不明,陷于混乱。朱子根据自身的体验,总结前人施教上的得失,提出了分阶段施教的纲领。他将人生接受教育分为小学与大学两个阶段,以十五岁为分野:八至十四岁接受小学教育,十五岁以上接受大学教育。朱子在《谕诸生》中说:"古之学者八岁而入小学,学六甲五方书计之事,十五而入大学,学先圣之礼乐焉。"朱子在《大学章句》的序中,更明确指出:"人生八岁,则自王公以下,至于庶人之子弟,而教之以洒扫、应对、进退之节,礼乐、射御、书数之文。及其十有五年,则自天子,自元子、众子,以至公、卿、大夫、元士之适子,与凡民之俊秀,皆入大学,而教之以穷理、正心、修己、治人之道。此又学校之教,大小之节所以分也。"

朱子重视小学阶段教育,不仅明确提出分阶段教育的纲领,而且率先垂范,从身边抓起。他在自己所创办的紫阳书堂以及较具规模的武夷精舍、考亭沧洲精舍,都专设小学班,对十四岁以下的少年实行小学阶段的教育。他对自己儿孙的启蒙教育更是抓得早、教得严,三个儿子:朱塾、朱埜、朱在,满七八岁便送入书堂接受小学教育。即便孙辈出来了,也是如此。同时,还时常亲力亲为,对儿孙施教。为此,他还亲撰家训:

君之所贵者,仁也;臣之所贵者,忠也。

父之所贵者,慈也;子之所贵者,孝也。

兄之所贵者,友也;弟之所贵者,恭也。

夫之所贵者,和也;妇之所贵者,柔也。

事师长贵乎礼也,交朋友贵乎信也。见老者,敬之;见幼者,爱之。有德者,年虽下于我,我必尊之;不肖者,年虽高于我,我必远之。

慎勿谈人之短,切莫矜己之长。仇者以义解之,怨者以直报之,随所遇而安之。

人有小过,含容而忍之;人有大过,以理而谕之。勿以善小而不为,勿以恶小而为之。人有恶,则掩之;人有善,则扬之。处世无私仇,治家无私法。

勿损人而利己,勿妒贤而嫉能。勿称忿而报横逆,勿非礼而害物命。见不义之财勿取,遇合理之事则从。

诗书不可不读,礼义不可不知。子孙不可不教,童仆不可不恤。斯文不可不敬,患难不可不扶。

守我之分者,礼也;听我之命者,天也。人如是,天必相之。

此乃日用常行之道,若衣服之于身体,饮食之于口腹,不可一日无也,可不慎哉。

这《家训》虽是朱子为子孙训蒙而作,但意义和影响远远超过朱氏家族,成为理学叩门的阶梯,而且超越时空,至今诵读朱子家训仍成为每年社会各界祭祀朱子大典中不可缺的内容。

二、勠力编纂《小学》

小学阶段教育的关键在于教材的使用。南宋之前,无论是官学或是私塾,小学阶段与大学阶段不仅没有明确的分段教育,而且缺乏小学阶段运用的教材。朱子很早发现了这一问题,并着手编纂启蒙读物作为日用教材。

隆兴二年(1164),朱子编纂了《训蒙绝句》,这是首部蒙学诗物。此书又称《训蒙诗》,用七言写成,其名目采用的大都是四书中的词组语句,如"就有道而正焉"、"乐亦在其中"等。

淳熙十三年(1186),朱子又撰写了《童蒙须知》,全书分"衣服冠履第一,语言步趋第二,洒扫涓洁第三,读书写文第四,杂细事宜第五",共五个部分。内容涉及少年时期生活的各个方面。朱子称这些为"饬身之要"。

《训蒙绝句》和《童蒙须知》成书,虽然为童蒙教育读本应急之需,但毕竟存在篇幅过于单薄,内容较为粗浅。因此,朱子决计编纂一本系统全面、深入浅出的童蒙教育教材。他选了门生刘清之当助手,合编《小学》。

刘清之(1134—1190),字子澄,世称静春先生,临江(今江西省)人,登绍兴二十七年(1157)进士。先后任建德县主簿、万安县丞,太常寺主簿,鄂州通判、知袁州。刘清之所著有《训蒙新书外书》、《戒子通录》、《墨庄总录》、《祭仪》、《时令书》、《续说苑》等。刘清之在进士及第后,慕名到五夫里紫阳书堂求学,"及见朱熹,尽取所习焚之,慨然志于义理之学"[①]。淳熙十年(1183),朱子与刘清之商议编撰《小学》。淳熙十二年(1185),朱子曾在与《刘子澄书》中专门讲了编撰要求:"文章尤不可说,如《离骚》忠洁之志固亦

---

① 《宋史·刘清之传》。

可尚,然只正经一篇已自多了。此经更子细决择。《叙古蒙求》亦太多,兼奥涩难读,恐非启蒙之具。却是古乐府及杜子美诗意思好,可取者多。"①过了二年,朱子再次致书刘清之:"《小学》一书见此修改,盖以古今故事,移首篇于书尾。"使初学开卷便有受用。而末卷益以周、程、张子教人大略,及分约杂仪之类,别为下篇,由定著六篇。② 可见《小学》一书于淳熙十四年(1187)已当定稿,《小学》定稿后在建阳刻印。

《小学》分为《内篇》与《外篇》。《内篇》有"立教"、"明伦"、"敬身"和"稽古"四篇,外篇则有"嘉言"和"善行"两篇。采集了上古至宋代先贤经典中切于人伦日用的语录385条,《内篇》是全书的主干。"立教"阐述了先贤所以教人之法,"明伦"阐明君臣、父子、夫妇、长幼、朋友之间的关系,"敬身"讲解少年修养身心的意义和规矩,"稽古"记载先贤的崇高德行。《外篇》中的"嘉言"和"善行",则是记载了古人嘉善的言行。

《小学》卷首的《小学题辞》,可谓是中国教育史上最早的蒙学"四字经":

元亨利贞,天道之常。仁义礼智,人性之纲。

凡此厥初,无有不善。蔼然四端,随感而见。

爱亲敬兄,忠君弟长。是曰秉彝,有顺无疆。

惟圣性者,浩浩其天。不加毫末,万善足焉。

众人蚩蚩,物欲交蔽。乃颓其纲,安此暴弃。

惟圣斯恻,建学立师。以培其根,以达其支。

小学之方,洒扫应对。入孝出恭,动罔或悖。

行有余力,诵诗读书。咏歌舞蹈,思罔或逾。

穷理修身,斯学之大。明命赫然,罔有内外。

德崇业广,乃复其初。昔非不足,今岂有余?

世远人亡,经残教弛。蒙养弗端,长益浮靡。

乡无善俗,世乏良材。利欲纷拏,异言喧豗。

幸兹秉彝,极天罔坠。爰辑旧闻,庶觉来裔。

嗟嗟小子,敬受此书。匪我言耄,惟圣之谟。③

《小学》书成,朱子感到欣慰,他挥笔题序:"古者小学,教人以洒扫应对

① 《朱子全书》第13册,第380页。

② 《朱子全书》第13册,第493页。

③ 《朱子全书》第13册,第394页。

进退之节,爱亲敬长隆师亲友之道,皆所以为修身、齐家、治国、平天下之本。而必使其讲而习之于幼稚之时,欲其习与智长,化与心成,而无扞格不胜之患也。今其全书虽不可见,而杂出于传记者亦多。读者往往直以古今异宜而莫之行,殊不知其无古今之异者,固未始不可行也。今颇搜辑以为此书,授之童蒙,资其讲习,庶几有补于风化之万一云尔。"①此后,《小学》成为朱子所创办书院蒙学的必备教材,同时逐渐扩展到当时南方各类学校。

三、影响后世及东亚

《小学》的宗旨是训蒙培根。朱子门生李方子在《紫阳年谱》中指出:"辑此书(指《小学》)以训蒙士,使培其根。"《小学》作为一部教人的儒家伦常的蒙学读本,注重适合蒙童的年龄特点,由浅入深地施教。朱子反复强调:"小学者,学其事;大学者,学其小学所学之事之所以。""小学是事,如事君、事父、事兄、处友等,只是教他依此规矩做去。大学是发明此事之理。"②虽说对蒙童重在即事教育,却是着眼于做之根本。朱子在答门生辅广之问时,明确指出:"后生初学,且看小学之书,那是做人底样子。"

《小学》的要义是性理修养。因此,《小学》既是蒙学的教科书,也是儒学的入门书。明代理学家施璜评论说:

> 五经以四书为阶梯,读四书无入处,不可以言五经;四书以《近思录》为阶梯,读《近思录》无入处,不可以言四书。读《近思录》以《小学》为阶梯,读小学无入处,不可以言《近思录》也。欲升入五经之堂室,必用四书阶梯而上;欲升入四书之堂室,必由《近思录》阶梯而上;欲升入《近思录》之堂室,必由《小学》阶梯而上。此《小学》一书所以为万世养正之全书,培大学之基本也。学圣人之学而不务此,如筑室无基,堂构安施乎?故朱子特编是书,以为读书人作人基本。③

清人张履祥说得更直白:"《小学》是读书人作人基本,《近思录》是治经之阶梯。但要成诵,刻期可毕。若其义,则虽终身由之,不能尽也。学者不二书为门庭户牖,积渐以进,学术终是偏枯,立身必无矩法。"④将《小学》推

① 《朱子全书》第13册,第393页。
② 黎靖德编:《朱子语类》卷七,北京:中华书局,1986年,第124~125页。
③ 《朱子全书》第13册,第382~383页。
④ 《朱子全书》第13册,第383页。

向了立身之基的崇高地位。

《小学》一书身价倍增,不仅在于为历代学者名家所热捧,更由于得到历代封建王朝的表彰。如明太祖朱元璋曾下旨命亲王、附马、太学咸讲读之。又如清雍正皇帝诏命编纂《小学集注》,并亲自为之作序,从而为《小学》一书罩上了"御定"的光环。

《小学》不仅得到了中国帝王的表彰,还受到了朝鲜半岛、日本宫廷的尊崇。在韩国,朝鲜王朝时期《小学》一书就已开始流传,上至朝廷,下至士林,无不深表尊崇。如世宗曾亲命宫廷铸字刻印《小学》定本,以广流布。其后,肃宗还令大臣代撰《御制小学序》、《御制小学后序》,对《小学》一再推崇。朝鲜的许多学者更是热衷于《小学》的研究和普及,大儒李珥(号栗谷)十分重视《小学》的研究,专门编纂了《小学诸家集注》一书,广为刊布。另一位大儒金长生,对《小学》更是尊信服行,他自称"最以《小学》为学之基本,尊信服行,以为终身准则"。在日本,《小学》的教化同样深入朝野。正德年间,日本儒者松冈玄达编纂了《小学集疏》,他在序中写道:"本邦承平日久,圣化洽敷,文运渐开,从得识尊孔孟,排异端,文公《小学》书遍于党庠州序之间,户传人诵,莫不崇信。"这说明江户时代《小学》已在日本"户传人诵"了。

《小学》历代在中国以至东亚国家都产生巨大影响,也反映在《小学》的版本上。历史上中、日、韩三国刻印的《小学》版本极多,以注本为例,三国历代的《小学》注家就达上百人。注释版本有四卷本、六卷本、十卷本。著名的注家很多,仅元代就有熊禾编《文公先生小学集注大成》,李成己编《小学纂释》,黄常《小学注解》等等。明清时期注家则更多,在此不叙。日本、韩国的注家也不少,如日本闇斋学派的创始人山崎闇斋曾对《小学》细加训点。此外,如三宅尚斋、浅见絅斋、佐藤一斋、贝原益轩等著名学者,也都热衷于《小学》的注解和推广。在韩国,则有郑麟趾等著名学者为《小学》作注作跋。

朱子的《小学》一书,既是儒学入学阶梯,也是东亚儒学文化圈的一块基石。

生命绝唱之作
——《仪礼经传通解》

《仪礼经传通解》是朱子晚年携其门生倾其心力纂修的重要著作。这部书分三十七卷,续二十九卷,共六十六卷。朱子生前已完成前三十七卷的书稿撰写,其中《家礼》四卷、《乡礼》三卷、《学礼》十一卷、《邦国礼》四卷。此书是朱子晚年终老时的绝笔之作,可谓生命绝唱。

一、《仪礼经传通解》的纂修过程

《仪礼经传通解》的纂修,经历了从初时的酝酿谋划到付诸实施,再由其门生续撰而成的三个阶段。

早在淳熙八年(1181)之前,吕祖谦还在世时,朱子就曾计划编撰一本《仪礼附记》的书。他曾说:"近年读书颇觉平稳不费注解处,意味深长。修得《大学》、《中庸》、《语》、《孟》诸书,颇胜旧本。《礼记》须与《仪礼》相参通修作一书,乃可观。"①于是他将自己设想的该书篇目写给吕祖谦征求意见,并称:"以上恐有未安,幸更详之。"②吕祖谦表示非常支持,曾令其门生路德章为之。但路德章所作的礼书两篇,朱子看了不满意,于是交待自己的门人潘恭叔来撰写。潘恭叔奉师命做了礼书的整理撰写,仍然不尽如人意。

绍熙五年(1194),朱子觉得单凭自己的门生之力恐难以完成这一浩大工程,转而想借助官方之力来实行。朱子于是上奏《乞修三礼札子》,向朝廷阐述了纂修礼书"可以兴起废坠,垂之永久,使士知实学,异时可为圣朝制作之助"的重大意义,请求朝廷召集人才,借阅史籍,支付钱米,早日完成礼书的纂修,"则斯文甚幸,天下甚幸"③。但欲借官方之力纂修礼书之路未走

---

① 《朱熹集》卷五十,《答潘恭叔》,第2430～2431页。
② 《朱熹集》卷七十四,《问吕伯恭之礼篇次》,第3886页。
③ 《朱熹集》卷十四,《乞修三礼札子》,第569～570页。

通。怎么办？朱子绝不放弃。他以大儒无所畏惧的勇气和坚韧不拔的毅力，决计自己行动。

庆元二年(1196)夏，朱子召集了二十多位门生及学者开始全面启动礼书的纂修工程。朱子顶住随后而来的庆元冤案的巨大压力，不顾自己年迈体弱多病，亲自撰写纲目，悉心指导。众门生奋发努力，分工合作，使得礼书纂修工程进展较为顺利。先后参与礼书纂修的门生及学者有黄榦、蔡元定、詹体仁、吴必大、吕祖俭、潘友恭、余正甫、李如圭、刘砺、郑师孟、应恕、叶贺孙、刘砥、赵师恭、杨楫、廖德明、杨方、刘光祖、杨简、刘起晦、孙枝、杨复等。

庆元四年(1198)，朱子年满六十九岁。礼书纂修已完成了十之七八。朱子在致李季章的书中表白："熹今岁益衰，足弱不能自随，两肋气痛，攻注下体，结聚成块，皆前未有。精神筋力大非前日之比，加以亲朋凋零，如蔡季通、吕子约皆死于贬所，令人痛心。益无生意，决不能复支久矣。所以未免惜此余日，正为所编礼传已略见端绪而未能卒就，若更得年余间未死，且与了却，亦可以瞑目矣。"[①]由此可以看出，朱子视纂修礼书为自己的生命绝唱。然而略有遗憾的是，直至朱子逝世，礼书纂修工程尚未及全面完成。已完成的部分有三十七卷，其中朱子亲自审定的有二十三卷，其余的十四卷朱子未及审订。二十年后，黄榦在逝世前遵照朱子的遗训，完成了其余十四卷的审订，同时完成了朱子托付的《丧礼》十五卷的纂修。其后，杨复又续修了《仪礼丧服图式》一卷，并续修《祭礼》十四卷。至绍定四年(1231)，礼书纂修工程历经半个世纪才全面完成，初定名《仪礼集传集注》，后更名为《仪礼经传通解》。

二、《仪礼经传通解》的内容梗概

《仪礼经传通解》的篇章结构是朱子亲自定的，其内容编排是《家礼》五卷，《乡礼》三卷，《学礼》十一卷，《邦国礼》四卷，《王朝礼》十四卷，另续有《丧礼》十五卷，《祭礼》十四卷，共计六十六卷。

《家礼》包括《士冠》、《冠义》、《士昏礼》、《昏义》、《内则》、《内治》、《五宗》、《亲属记》，共八个篇章。

《乡礼》包括《士相见礼》、《士相见义》、《投壶》、《乡饮酒礼》、《乡饮酒

---

① 《朱熹集》卷三十八，《答李季章四》，第 1738 页。

义》、《乡射礼》、《乡射义》,共七个篇章。

《学礼》包括《学制》、《学义》、《弟子职》、《少仪》、《曲礼》、《臣礼》、《钟律》、《钟律义》、《诗乐》、《礼乐记》、《书数》、《学记》、《大学》、《中庸》、《侍傅传》、《践阼》、《五学》,共十七篇章。

《邦国礼》包括《燕礼》、《燕义》、《大射礼》、《大射义》、《聘礼》、《聘义》、《公食大夫礼》、《公食大夫义》、《诸侯相朝礼》、《诸侯相朝义》,共十篇章。

《王朝礼》包括《观礼》、《朝事义》、《历数》、《卜筮》、《夏小公》、《月会》、《乐制》、《乐记》、《王制》甲、乙、丙、丁、戊、己、庚、辛、壬、癸,共十篇。

《丧礼》包括《丧服》、《士丧服上》、《士丧服下》、《士虞礼》、《上大记上》、《上大记下》《卒哭祔练祥禫》、《补服》、《丧服变除》、《丧礼义》、《丧服制度》、《丧服义》、《丧通礼》、《丧变礼》、《吊礼》。

《祭礼》包括《特性馈食礼》、《少年馈食礼》、《有司辙》、《诸侯迁庙》、《诸侯导庙》、《祭法》、《天神》、《地示》、《百神》、《宗庙》、《国事之祭》、《祭统》、《祭物》、《祭义》。

《仪礼经传通解》内容丰富,注解详备,上溯古远,下达今朝,可谓是集古今礼学之大成。

三、《仪礼经传通解》的特点分析

《仪礼经传通解》全书贯穿了朱子对《礼》的独到思想,具有不同于前人的鲜明特点。

其一,三礼融合,以《周礼》为纲,《仪礼》为经,《礼记》为传。朱子主张礼学是一个大系统,经传虽各有别,但相互联系,不可分割,必须经传结合,整体构建。朱子在《乞修三礼札子》中明确指出:"《周官》一书,因为礼之纲领。至其仪法度数,则《仪礼》乃其本经,而《礼记》、《郊特牲》、《冠义》等篇乃其义说耳。前此就有三礼通礼,学究诸科,礼虽不行,而士犹得以诵习而知其说。熙宁以来,王安石变乱旧制,废罢《仪礼》。而独存《礼记》之科,弃经任传,遗本宗末,其失已甚。而博士诸生又不过诵其虚文以供应举,至于其间亦有因仪法度数之实而立文者,则咸幽冥而莫知其源。一有大议,率用耳学臆断而已。其乃乐之为教,则又绝无师授。律尺短长,声音清浊,学士大夫莫有知其说者,而不知其为阙也。"①朱子认为虽然《周礼》为礼之纲领,然就礼的仪法度数而言,则《仪礼》为本经,《礼记》为义说。王安石变法,在经学教材和科举考试中废除了《仪礼》,只保留《礼记》,这是舍本逐末。由此造成在治国上,一有大议题,便陷入臆断。而无《礼经》的依据,在立教上,则无师教授,学者无本可依。故而朱子主持纂修《仪礼经传通解》的宗旨就是坚持经传结合,为治国立教提供礼制的经典依据。

其二,因时制宜,因最重,时为大。

朱子对礼学的态度是既讲因,也讲时,将因与时两者兼顾。所谓因,指因循,尊重传统。所谓时,指随时,与时俱进。朱子认为:"此一章因字最重。所谓损益者,亦是要扶持三纲五常而已。如秦之继周,虽损益有所不当,然三纲五常终变不得。"②朱子又认为:"'礼,时为大'。使圣贤用礼,必不一切从古之礼。……今所集礼书,也只是略存古之制度,使后人自去减杀,求其可行者而已。"③朱子主张因最重,强调各个时代的礼法不尽相同,有减有增,但变器不变道。先贤在遗典中确立的道法,必须继承护持而不可变。朱子主张时为大,强调古礼须符合今世,酌古今之宜,随时代的变化而裁损变通,不必一切照搬照套古礼。朱子既讲因最重,又讲时为大,进而把两者统一起来,强调"圣人有作,古礼未必尽用。须别有个措置,视许多琐细制度,皆若具文。且是要理会大本大原"④。总之,朱子主张的礼制是在传承古礼大本大原的前提下,随时变通,因时制宜。

其三,上下贯通,涵盖社会,教化有规。

《仪礼经传通解》的内容涵盖社会各个方面,上至朝廷和上层社会,有《邦国礼》《王朝礼》;下进家庭及社会底层,有《家礼》《乡礼》。还涉及社会离不开的学、冠、婚、丧以及时令。朱子特别重视面向社会推行礼制,古代奉行刑不上大夫,礼不下庶民。礼只流行于上流社会,社会底层处于缺礼状态。朱子致力于改变这种状况,令全社会礼制化。

朱子治礼学,首先从治《家礼》着手,早在乾道五年(1169),朱子便在寒泉精舍纂修了一部家礼,以作为普通家庭使用的"庶民之礼"。然而这部家礼书稿写成后来不及刊印便遗失,直到朱子逝世后多年才被人发现,由朱子

---

① 《朱熹集》卷十四,《乞修三礼札子》,第569~570页。

② 黎靖德编:《朱子语类》卷二十四,北京:中华书局,1986年,第598页。

③ 黎靖德编:《朱子语类》卷八十四,第2185页。

④ 黎靖德编:《朱子语类》卷八十四,北京:中华书局,1986年,第2179页。

的门生整理刊印于世,在宋、元、明时期产生了广泛影响。进而东传朝鲜李朝后,成为朝鲜社会争相仿效之礼。为了便于向社会底层推行礼制,朱子认为:"而今礼文觉繁多,使人难行。后圣有作,必是裁减了,方始行得。"①一再强调纂修礼书,必须简易疏通,使见之而易知,推之而易行。

　　礼作为中国古代社会的国家之法则,社会之规矩和道德之规范,在历史上产生了重大影响。朱子通过纂修《仪礼经传通解》,梳理古礼经义,因时制宜,上下贯通,构建了与时俱进,特色鲜明的礼学体系。同时,朱子还赋予礼以天理的内涵,创造性地提出:"礼谓之天理之节文者,盖天下皆有当然之理。今复礼,便是天理。但此理无形无影,故作此礼文,画出一个天理与人看,教有规矩可以凭据,故谓之天理之节文。"②主张通过推行有形之礼,教化无形之理。这无疑是朱子对古代礼学理论的重大发现,也是对中华礼仪之邦复兴的重大贡献。

---

① 黎靖德编:《朱子语类》卷八十九,北京:中华书局,1986年,第2284页。

② 黎靖德编:《朱子语类》卷四十二,北京:中华书局,1986年,第1079页。

考亭书院史籍

朱子事汇纂略

录自清建阳徐经辑《雅歌堂外集》卷十一

一、庐　墓

朱子在南宋高宗建炎四年(1130)庚成九月十五日午时生于南剑州尤溪县郑安道进士之义斋。向山形如文字,坐山形如公字,今号文公山。南宋恭宗诏改"南溪书院",奉祀朱子。清朝康熙赐额"文山毓哲"。

十四岁,尊父献靖公遗命,奉母祝太夫人自建州(今建瓯市)城南环溪精舍,移居崇安(今武夷山市)五夫里。少傅刘子羽为筑室于潭溪里第之旁。

十五岁,葬父献靖公于五夫里之西塔山。公讳松,字乔年,号韦斋,宋徽宗政和八年(1118)进士,授建州政和县尉。丁艰服除,更调南剑州尤溪县尉。以荐除秘书郎正字,进校书著作郎,升度支员外郎,史馆校勘,历司勋吏部郎中。以论和议忤秦桧,出知饶州,未上任,卒于建州水南环溪精舍。后赐谥献靖。

二十一岁,如婺源展墓。文公曾祖讳绚,即王桥府君。姒汪氏。以上各墓俱在婺源,唯祖考承事府君讳森,葬政和县感化里凤林坊索谷。祖姒程孺人葬政和浆溪铁炉岭,为入闽始祖。

文公生时,婺源故宅井中紫气见。索谷墓沙外溪水有七石布列,名七星溪,文公面有七痣应于此。又闻婺源官坑岭四世祖姒墓穴下亦有七石。

二十八岁,同安候代不至,借用县人陈氏馆居泉州数月,冬还建州,筑室武夷山中。文公初从刘屏山先生(即少傅子羽之弟),讲习于武夷山,为置田二百余亩以供诸费,兼资以养母。至是归还屏山之子,不受,因给于南峰寺。

四十一岁,葬祝太孺人于建阳县西崇泰里后山天湖之阳,名曰寒泉坞。既葬,居墓侧,朔望归奠几筵。迁葬父献靖公于五夫里白水之鹅子山下,后迁上梅寂历山。

四十六岁，建晦庵于建阳芦峰之云谷。

四十七岁，如婺源省墓，同邑张教授敦颐尝赎韦斋所质祖田百亩，归之。文公前次展墓已充其租为祭扫之费。

四十八岁，葬刘氏令人于建阳嘉禾里唐石九峰山之大林谷。

五十岁，候命于信州铅山，寓止崇寿僧舍。

五十四岁，成武夷精舍，在五曲大隐屏下。清朝康熙赐额“学达性天”。

六十二岁，归次建阳，寓同由（今童游）桥。

六十三岁，始筑室建阳之考亭，即五代黄子棱筑望考亭之处。按《陈氏族谱》，侍中陈逊筑亭望其父广寒先生，墓在三桂里蟹坑。若子棱父墓远不能望，当属陈氏为是。先是献靖公尝游其地，谓溪山深邃，可以卜居。至是卒成其志。

六十五岁，竹林精舍改名沧洲精舍。宋理宗诏改为考亭书院，清朝康熙赐额“大儒世泽”，乾隆赐“百世经师”。

七十一岁，卒于考亭沧洲精舍，时宁宗庆元六年庚申（1200）三月初九午初刻也。本年十一月壬申，与刘夫人合葬于建阳县西二百里之嘉禾唐石大林谷。

朱子先世居歙州之黄墩，相传望出吴郡。唐天祐中远祖瓌以刺史陶雅命，领兵三千戍婺源。因家邑之万安乡松岩里，是为制置。茶院公卒葬连同。八传至韦斋先生。宣和末，尉建州之政和，以方腊乱道梗，不能归，乃葬承事君于其邑，遂为建人。迄六十年，而文公抱孙，则居闽已五世矣。

文公生于尤溪，长于建州环溪，学于五夫、延平，老于建阳考亭，是始终一闽人也。追赠徽国，从其祖籍，亦犹文公以紫阳名其五夫之书楼而致桑梓之思云。

附　录

长子名塾，将仕郎，先文公十年卒。世居建安，八世孙梃始蒙荫禄（博士）。

次子名埜，迪功郎，后文公十年卒。世居考亭，至五世孙勋领元乡荐，始携其子曰域者回婺源掌柯，至六世孙墅始蒙荫禄（博士）。

三子名在，吏部侍郎，封开国侯。文公卒，抚冢孙以主祀事。世居建安，后五孙有家邵武者。

孙男七人：鉴（迪功郎）、钜（从政郎）、铨（从事郎）、铎、铚、铉、铸。

曾孙男十四人：洽、潜、济、浣、泾、浚、渊、灏、涛、浇、潚、湜、濬、澄。

女五人,婿:刘学古(临桂令)、黄榦(奉议郎)、范元裕(进士)。

孙女九人,婿:赵师夏(承议郎)、叶韬甫(进士)、周巽亨、黄铬、赵师都(从政郎)、郑宗亮、黄庆臣、李公玉。

曾孙女七人。

二、号　谥

文公乳名沈郎,缘尤溪本名沈溪也。小字季延,以尤溪隶延平也,行五十二。屏山先生命字元晦,文公以元为四德之首,不敢居,改字仲晦。

绍兴癸酉(1153),任同安主簿,号牧斋。

乾道庚寅(1170),建晦庵于庐峰之云谷,因号晦庵,后名云谷老人。

淳熙己亥(1179),知南康,号拙斋。

乙巳(1185),拜华州云台之命,曰云台子、云台隐吏、云台真逸、云台外吏。

丁未(1187),主管南京鸿庆宫,曰鸿庆外吏。

己酉(1189),题《通鉴韵语》,曰嵩阳隐吏。

年周甲子,名曰晦翁,又曰晦庵通叟。

绍熙壬子(1192),始筑室考亭,曰沧洲病叟。

庆元乙卯(1195),拟上封事,筮得遁之同人,因号遁翁。

嘉定己巳(1209),除待制,恩赐谥曰文。

太学博士章徕议谥文忠,考功郎官刘弥议谥文。

三、科　目

文公十八岁,以易学举建州乡贡。

十九岁,登王佐榜第五甲九十名,赐同进士出身。时高宗绍兴十八年戊辰(1148)二月十二日锁院(考试的地方),十八、十九、二十引试诗赋论策,廿一、廿二、廿三引试经义。

四月初三,御试策一道,十七集英殿唱名(一甲十人,二甲十九人,三甲三十七人,四甲一百二十二人,五甲一百四十二人,共三百三十人)。

四、官 阶

二十二岁,铨授左迪功郎泉州同安县主簿(廿四年七月至廿八年去任,共四年)。

二十九岁,差监潭州南岳庙。

三十四岁,除武学博士。

三十六岁,复监潭州南岳庙。

三十八岁,除充枢密院编修。

四十四岁,改秩主管台州崇道观,改宣教郎奉祠。

四十七岁,除秘书省秘书郎,主管武夷山冲佑观。

四十九岁,差知南康军(次年五十岁,三月赴任,至五十二岁闰三月去郡,共二年)。

五十二岁,差提举江西常平茶盐。除宣教郎直秘阁,差提举浙东茶盐。

五十三岁,除直徽猷阁,差江西提点刑狱。

五十四岁,差主管台州崇道观。

五十六岁,差主管华州云台观。

五十八岁,差主管南京鸿庆宫,除江西提点刑狱。

五十九岁,除兵部郎官,依旧提刑江西,又除直宝文阁,主管西京崇福宫,转朝奉郎。又除主管西太乙宫兼崇政殿说书。

六十岁,除秘阁修撰,仍直宝文阁。转朝散郎,赐绯鱼。除江东转运副使,改知漳州(次年六十一岁四月之任,至六十二岁四月去郡,共一年)。

六十二岁,复出秘阁修撰,主管南京鸿庆宫,除荆湖南路转运副使,复改补祠职。

六十三岁,除知静江府兼广南西路经略安抚,仍旧主管南京鸿庆宫。

六十四岁,除知潭州湖南安抚(在任共五月)。

六十五岁,除焕章阁待制兼侍讲(自十月戊子至闰十月丙子,立朝共四十六日)。

除兼实录院同修撰。

恩授朝散郎,赐紫金鱼袋。

准诰封婺源县开国男,食邑三百户。

诏除宝文阁待制,寻除知江宁府湖北安抚。

诏依旧焕章阁待制,提举南京鸿庆宫。

六十六岁,转朝奉大夫,依旧充秘阁修撰,宫祠如故。

六十九岁,引年乞休。

文公出身在高宗朝,三十四年以后孝宗朝,六十岁以后光宗朝,六十六岁以后宁宗朝。自筮仕至属纩,五十年而闲居者四十年,故得从容殚志于论著。

五、恤 典

宁宗嘉泰二年(1202),华文阁待制(时文公卒已三年,守臣傅伯寿不以闻朝廷,犹以生存命之)。

宁宗嘉定三年(1210),赠中大夫、宝谟阁直学士。又以明堂恩,累赠通议大夫。

理宗宝庆三年(1227),赠太师,追封信国公。

理宗绍定三年(1230),诏改徽国公。

理宗淳祐元年(1241),从祀孔子庙庭。

度宗咸淳元年(1265),命宰执访其后人。

度宗咸淳五年(1269),诏赐婺源绣使坊,称文公阙里。

元顺帝至正二十二年(1362),改封齐国公(以其壤邻洙泗,故锡国启营丘)。

明景帝景泰六年(1455),诏以建安嫡长裔孙世袭翰林院五经博士。

明世宗嘉靖二年(1523),诏以婺源守祠裔孙世袭翰林院五经博士。

清朝康熙五十一年(1712),诏升朱子大成殿配享,位列十哲之次,所有建安、婺源博士承袭如故。

六、政 绩

二十四岁,选同安秀民充弟子员。请柯国材为学职。柯时家居教授,行峻不为苟合,故请以渐摩诸生。整葺学殿斋舍,更廨舍之室,名高士轩。大书簿所当为者,揭于燕坐之室。

二十六岁,建经史阁于同安。特请于帅府,尽搜所有书归置诸阁。定释奠礼,取《周礼》、《仪礼》、《唐开元礼》、《绍兴祀令》,互相参考,画成礼图,训释辨明,纤悉毕备。立同安故相苏公颂于学宫。

三十二岁,贻书黄(祖舜)枢密,论恢复。

三十三岁,应诏上封事。首言帝王之学,次言修攘之计,再次言监司守令本原之地,再次言战守复仇之道。

三十四岁,入对垂拱殿。皆本李先生所教正三纲,明义利,奏札凡三上。

三十九岁,崇安饥,贷本府粟六百斛,籍户口散给之。本府王淮即令留其粟于里中,而上其籍,社仓之法始此。奉府檄行视水灾。

四十二岁,创立社仓于所居五夫里。因前贷本郡之米,创立社仓一区以备出贷。每石取息米二斗,逐年依此敛散,或遇小欠,即蠲其息之半,大饥尽蠲之。故一乡之间,虽遇凶年,人不缺食。

五十岁,下教三条于南康军:一访民利病,二令父老教戒子弟,三劝遣子弟入学。每五日,与诸生会讲。

立濂溪周先生祠于学宫,以二程先生配。

立五贤堂,祀陶靖节、刘西涧父子、李公择、陈了斋。旌表孝子熊仁瞻之门。

奏乞蠲减星子县税钱。

重建白鹿书院李渤故址。得赐敕额、御书、石经监本。

九经注疏,又捐俸买书,并置田以赡养学者。

申请敕赐都昌县晋侍中太尉、长沙陶威公庙额。

五十一岁,申减属县科纽、秋苗夏税、木炭月桩经总制钱。应诏上封事,言正心术以立纪纲,深诋近习蛊惑之弊,大修荒政。立三十五场,截留纲运,申严遏籴并谕富室出米,募饥民筑堤。南康军属民无流徙。

五十二岁,开场济粜,用常平米依令赈济,分委巡察次第施设。争传其法。

奏事延和殿,疏内条陈救荒之策,划为七事。视事西兴。招募海商贩米至浙,免其杂税,价不裁减。

钩访民隐,至废寝食,虽深山穷谷,抚存不遗。劾不恤荒政属吏五人,按其罪。以社仓法奉诏颁行于诸路。

五十三岁,条奏救荒事宜,并乞借拨官会(纸币)。给降度牒及推赏献助人,请住催山阴等县下户夏税、秋苗丁钱。

有诏捕蝗,复上奏状。极言所忧不止在于饥殍,蒙害不止在于郡县。

复上宰相书,备言民散国危之状。

条奏诸州利病：首言绍兴和买岁额之弊，以及台州丁绢倍输之患。至于诸郡义役之法、沿海盐法、各路酒法，凡可便民皆为划其经久之计。

毁永嘉秦桧祠。

劾奏前知台州唐仲友不法，章至六上。宰相不得已取首章语，去甚深者，与仲友自辩疏同上。

五十五岁，力辩浙学之非，为吕祖俭、潘景愈、孙应时辈言之。

五十九岁，奏事延和殿，言近年刑狱失当，经总制钱病民及江西诸路杂法积弊。而其末则以存天理，绝人欲，为善除恶之至计。

再上封事：言天下大本者一，今日急务者六。

六十一岁，奏罢漳州属县无名之赋七百万，奏减经总制钱四百万。奏行经界法，讲求弓算，具陈利害，后未得行。

揭古丧葬嫁娶之仪，以示漳民。严禁男女传经聚僧庐为会及女不嫁而庵居者。

择士之有行义、知廉耻者使列学职，为诸生倡。首举赵师虑。

请诏雪故迪功郎高登之冤，以褒其直，因忤秦桧死贬所者。

刊五经四书于郡，各著为说，系经书后以晓学者。教习诸军引射，作三番轮教，两月间皆成精技。

六十二岁，与福州帅赵汝愚论招州军，募江戍。

六十五岁，遣使谕降湖南洞獠。

改建岳麓书院，因刘枢密、张南轩之旧而择爽垲以新之。每训书生以务实之学，廪给与县庠生等。

奏请飞虎军隶本路。本军遥隶襄阳，故有是请。

考正释奠礼仪，行于郡。

请祀东晋湘州刺史谯闵王司马承及绍兴死难之潭州通判孟彦卿、赵民彦、将军刘阶、兵官赵聿之五人，赐庙额曰忠节。

奏事行宫便殿，愿充未尝求位之心，以尽负罪引慝之诚；充未尝忘亲之心，以致温清定省之礼。

上山陵议状：言当广求术士，博访名山，不宜偏信台史，固执绍兴坐向之言，委之水泉砂砾浮浅之地。

受诏进讲大学。奏请逐日早晚讲，不以寒暑双单月日诸色假故。

请乞免三年内贺礼，并免节序进名。奉慰讲筵留身，奏四事：极诋左右近习邪说之误，进编次讲章，其要在求放心，以为进德之本。

请修嫡孙承重之服。至是诏用三年之制,百官皆以凉衫视事。

上庙祧议。引程子物岂无本而生之说,以条辩当时诸说纷纭不一之谬。

与赵汝愚书,责其以宗支入辅,轻纳妄议,撤毁祖宗不祥之甚。

入史院,建议事目分撰,依序编排,方有条理。

上疏论劾韩侂胄居中用事,防微杜渐,间不可忽。

六十六岁,草封事。明赵丞相冤,以筮得遁之,同人乃焚其稿。

文公治外任,以崇教化、正风俗为先务,而不徇俗以苟安。入封于内,则以正君心、远邪佞为根本,而不贬道以求售。

文公平居拳拳,无一念不在国。闻政之阙失,则戚然有不豫之色。语及国势之未振,则感慨以至泣下。

七、师 友

文公十四岁,遵父遗命,学于五夫胡籍溪(名宪,字原仲)、刘白水(名勉之,字致中)、刘屏山(名子翚,字彦仲)三先生之门。二刘寻去世,事籍溪先生最久。

二十四岁,始受学于延平李侗愿中先生之门。

二十九岁,归自同安,见李先生于延平。

三十岁,饯送胡籍溪(宪)先生就职正字。

三十一岁,再见李先生于延平,寓舍傍西林院。

三十三岁,迎李先生于建安,遂与俱归延平。

三十五岁,至延平哭李先生。李承罗(从彦)传道南之统。

三十八岁,谒端明黄通老于昭武(即今邵武)里第,请纳再拜之礼,进于门弟子之列。

访南轩张敬夫于潭州,讲论《中庸》之义。门人范伯崇、林择之随侍,因留长沙。再阅月,与南轩偕登衡岳,至衡州而别。

四十六岁,东莱吕伯恭(祖谦)来访建阳天湖寒泉精舍,因留旬日,同辑《近思录》。

梭山陆子寿、象山陆子静偕东莱会于铅山鹅湖。

四十七岁,蔡季通从至赴婺源。

五十一岁,哭张南轩于南康,为文祭之,并为作神道碑。时南轩卒于江陵府治。

五十二岁,陆象山来访,遂至白鹿书院,请升讲席。

拜濂溪先生书堂遗像于九江,墓在庐山之麓。

刘子澄来谒,请为诸生说太极图。

哭吕东莱(祖谦)。吕成公、张宣公栻与文公最为知契。

五十八岁,哭莆田陈福公(俊卿),为文祭之。

六十二岁,与永嘉陈君举(傅良)论学。

六十三岁,永嘉陈同甫(亮)来访于建阳考亭。

六十五岁,率诸生行释菜礼于沧洲精舍。

六十七岁,哭赵汝愚(党禁五十九人之首),客死永州。

六十八岁,别蔡元定于寒泉精舍。因党禁编管道州,时捕元定甚急,元定毅然上道。先一日,文公与尝所游会,别净安寺。文公微视元定,不异平时,因曰:朋友相爱之情,季通不挫之志,可谓两得之矣。明日独与会寒泉,订《参同契》,终夕不寐。

六十九岁,哭蔡季通。吕子约(祖俭)亦死贬所。

七十一岁,易箦。侍侧诸生:蔡仲默、叶味道、陈复道、林子武、陈器之、徐居父、方伯起、刘择之、赵唯夫、范益之。与受业共四百四十二人,是时在侧只此十九人。

与黄直卿书,令收礼书底本。

与范伯崇书,托写礼书。

与子在书,令早归,修正遗书,并勉以力学。

八、荐 举

十八岁,乡贡考官蔡光烈,又名兹(永春昭善里人,为建州考官,得朱子卷,即知为非常人)。

十九岁,进士考官余尧弼。

初考官:沈该、吴栗、陈诚之。

复考官:李朝正、汤思退、沈介。

知贡举:边知白。

同知贡举:周执羔、巫伋。

三十三岁,召赴行在,用陈俊卿荐。

三十八岁,除枢密院,用陈俊卿、刘珙荐。

四十一岁,召赴行在,用胡铨荐。

四十四岁,特与改秩,用梁克家奏。

四十七岁,除秘书省,用龚茂良奏。

四十九岁,知南康军,用史浩奏。

五十一岁,请祠,用陈俊卿荐。

五十二岁,提举浙东(常平茶盐公事),用杨万里荐。先是王淮为相,以杨侍读(万里)所疏人才列文公,故有浙东之差。及公劾唐仲友(乃淮姻旧),由是有怨,因用陈贾为御史,论奏伪学,阴诋文公。

五十八岁,提点江西(提点刑狱待次),用周必大议(后因列入党禁)。

五十九岁,奏事延和殿,用周必大荐。以足疾请祠,林栗论公欺慢,叶适上疏申辩(后入党禁)。

六十四岁,知潭州,因金人问:"南朝朱先生安在。"

六十五岁,召赴行在,用赵汝愚荐。先是黄裳、彭龟年亦为言之。龟年与汝愚同入党禁,批罢讲职。赵汝愚袖还内批。陈傅良、邓驿、刘光祖、吴猎、孙逢吉、游仲鸿、楼钥七人交章奏留(俱入党禁),惟邓舍人未禁。黄艾入对力辩,彭龟年上章论韩侂胄。

六十七岁,禁绝"伪学",谢深甫掷余嘉吉之书于地。时胡纮、沈继祖、施康年谋害文公,并党禁及诸贤。

九、著　述

三十岁,校订《谢上蔡先生语录》。

三十四岁,成《论语要义》、《论语训蒙口义》、《论语纂训叙》。三十五岁,成《困学恐闻》,或名《困学见闻》。

三十九岁,编次《程氏遗书》、《伊洛渊源录》。

二程门人杂录并行,失其伦次,又颇为后人窜易。文公因细加审订,于是程子之道始著。

四十岁,成《家礼》。自始至祥禫,参酌古今,定为丧祭之礼。又推冠婚,其为一编。是书文公晚年多所损益,未暇大为更订。

都昌门人冯椅有《丧礼小学》,闽县门人郑文通有《丧礼长编》。福宁门人杨复有《祭礼图》十四卷、《仪礼图解》十七卷、《家礼杂说附注》二卷。

四十三岁,成《论孟集义》。初名要义,改精义,后改今名。辑二程子、张横渠、范祖禹、吕希哲、吕大临、谢良佐、游㢊山、杨龟山、侯仲良、周孚先、尹和靖十二家之说而成之。

成《资治通鉴纲目》。本温公《通鉴目录举要》及胡文定《举要补遗》，而创义例自为大书，以提纲，令门人赵绚斋分注其目于下。是书仅能成篇，文公每以未及修补为恨。

莆田门人陈宓有《读通鉴纲目》，庆元门人辅广有《通鉴集义》，清江门人张洽有《续通鉴长编事略》。

成《西铭解义》。二程极推许此书，至是尤发其精神。

成《八朝名臣言行录》。前集朱子所编，后集、别集、外集则李幼武所补。

四十四岁，成《太极图传》《通书解》，并出程氏得之周子。编次程氏外，即编遗书，复取诸集录参伍相除，得十有二编，而二程之遗言备矣。

四十六岁，编次《近思录》。掇周程、张子书，关大体而切日用者，以发圣门近思之教，使穷乡晚进志学而无师友者，得此以玩心，亦足知其门而入。

婺源门人李季札有《近思续录》，将乐门人邓絅有《近思录问答》（清茅星来江永因旧解多讹舛，另为集注十四卷）。

四十八岁，成《论孟集注或问》，成《周易本义》。又有《文公易说》，长孙朱鉴，集平日论易之语以证明本义之旨者。

成《诗传集注》。又有《小序辩说》一篇。

五十七岁，成《易学启蒙》。又有《蓍卦考误》，成《孝经刊误》。又删定《上蔡语录》。

五十八岁，成《小学》书。使洒扫应对之童，服习忠信孝悌之教礼。闲情欲学变气质，则其成材也易矣。

德兴门人程端蒙有《小学字训》。

六十岁，序《大学章句》《中庸章句》。二书本在戴记，程子始表彰之。朱子为别次序，然后乃有条贯。

又著《学庸或问》。《中庸辑略》，朱子因石𡸣集解而删改之者。

六十六岁，成《楚辞集注》。又有《辩证后语》。

时治党人方急，因注是书，以寓其忠愤。

六十七岁，修礼书，名《仪礼经传通解》。以《仪礼》为经，取戴记及诸经史书有及于礼者，皆以附于本经之下，具列注疏诸儒之说，补其缺遗，而析其疑晦。其目有家礼、乡礼、学礼、邦国礼、王朝礼、丧礼、祭礼、大传、外传。虽书不克就，而宏纲大要固已举矣。《礼书》尝命金华门人潘友恭、黄岩门人赵咏道编次,而长乐门人刘砥编《王朝礼》,闽县门人郑文通、建昌门人胡泳编《丧礼》。临终嘱闽县门人黄榦收底本踵而成之。其书界行开具,逐项合修条目,并封一卷为式。莆田门人黄士毅为之类注。括苍叶味道有《祭法宗庙庙享郊社外传》。

六十八岁,成《韩文考异》。以韩子论性专指五常最为得之,因为考订其集,杂学辨一卷,附记疑一卷(辨诸儒之说并及程门所记语录)。

订正《参同契》,又有《阴符经考异》。

六十九岁,作《书传》,只二典。禹谟、金縢、召诰、洛诰、武成余篇,口授蔡仲默注之。

七十一岁,改圣经诚意注(原注:"一于善"改为"必自慊")。修《楚辞》一段,皆在考亭楼下易箦前三日。

有《晦庵集》一百卷,续集五卷,别集七卷(后人编为大全,有失原书之旧)。

《语类》一百三十八卷,皆门人黄士毅编次。延平答问一卷(朱子撰),附录一卷(门人取朱子论延平之语而附记之),《生徒问答》八十卷(后学李道传所辑),《别录》十卷,《读书法》四卷(宋张洪编次)。

《朱子语录》,永嘉、邵武门人(林武、梁琢)手集,又《翁季录》(记晦翁季通答问之语)。

《朱子语略》,浦城门人杨与立编次(取朱子语录分编经济、文衡,前后续集七十五卷)。

《朱子语粹》,休宁门人程永奇著(宋黎靖德编辑,门人分记之语为朱子语录一百四十卷)。

朱氏传授支派图,同安门人王力行著(《读朱子随笔》四卷,清陆陇其撰)。《紫阳年谱》,光泽门人李方子著(清王懋弘另为编辑年鉴四卷,考异四卷,附录二卷)。

理宗淳祐元年(1241)以其学庸语孟训说立于学宫。

清康熙御纂《朱子全书》(六十六卷,分十九门),李文贞编辑最为精纯。

当时因禁伪学,而科举取士稍涉经训者,悉见排黜。文章议论根于理义者,并行除毁。六经、语孟悉为世之大禁。庆元之党锢,视元祐之党籍,尤为千古未有怪事。公没未久,即加尊崇,亦极未有盛事。

十、学　力

文公五岁,受学家庭。韦斋先生与延平先生为同门友,师事罗仲素(从彦)先生,故得备闻濂洛之学而用力于致知格物之地。文公早岁以知其说而好之。

八岁,读《孝经》即通大义,署其上曰:"不如是,便不成人。"

十岁,读《孟子》至圣人与我同类,便喜以为圣人易做。

文公尝云:某于十五岁时,见虽愚必明,虽柔必强一段,吕与叔解得痛快,读之未尝不竦然警励奋发。

又云:某从十七八岁时,读《孟子》,至二十岁只逐句理会更不通透。二十岁后,方知凭地熟,自见得意思。

文公在泉州客邸借得《孟子》一册,仔细读,方寻得本意。

文公举乡贡,考官蔡光烈谓人曰:"吾取中一后生,三篇策皆欲为朝廷措置大事。他日必非常人。"

延平李先生尝谓元晦进学甚力,乐善畏义,吾党鲜有。又曰:"此子极颖悟,力行克畏,讲学极造其微处。"又曰:"此子别无他事,一味潜心于此。"

文公为学穷理以致其知,反躬以践其实,而以居敬为主,皆一本于李先生之教。

文公尝云:"某之为学,乃铢积寸累而成。"

又曰:"初学于敬,不能无间断,只是才觉间便断提起。此心那知觉处便是接触。"

又曰:"世间凡事须臾变灭,皆不足以置胸中,惟穷理修身是究竟法耳。"

文公与韩尚书云:某狷介之性,矫揉万分,而终不能回。迂疏之学,用力既深而自信愈笃。以此知决不能与时俯仰以就功名,故二十年来甘自退藏以求己志。所愿欲者,不过修身守道以终余年。因其暇日,讽诵遗经,参考旧闻,以求圣贤立言本意之所在。既以自乐闻,亦笔之于书,以与学者共之,且以待后世之君子而已。此外实无毫发余念也。

文公尝立五教之目于白鹿洞:为学之序,修身处事,接物之要,俾学者规守之。尤致意于明诚、敬义数语。

文公还自浙东,见其士习驰骛于外,每语学者以《孟子》道性善、求放心两章之言,务收敛凝定,以致克己求仁之助。

文公尝以平日艰难辛苦已试之效,上告宁宗谓:为学之道,莫先穷理;穷理之要,必在读书;读书之法,莫过循序而致精;致精之本,又在居敬而持志。

文公赴召,或劝以正心诚意之论,上所厌闻,愿勿为言。答曰:"吾平生所学惟此四字,岂可隐默以欺吾君。"

文公在漳郡晓学者云:"如今方得圣人一言一字不吾欺,只今六十,方理会得恁地。"

文公易箦前一日,谓精舍诸生曰:"误诸生远来,然道理只是恁地,但大家倡率做些坚苦工夫,须牢固着力,方有进步处。"

文公天资英迈,视世之所屑者,不啻如草芥,翛然独与道俱果于徙义。严于克己,无一言不实践,无一行不素充。其主敬也,一其内以制乎外,斋其外以养乎内,静虚动直,而人不见其持守之力。

其穷理也,索其精,微辨其节目,反复以涵泳之,切己体察之,涣然冰释,怡然理事顺,而后为有得。

其反躬也,不睹不惭之前所以戒惧者,愈严愈敬,隐微幽独之际。所以省察者,愈密愈精,其自信之笃。虽前哲之所已言,而于心不安,则不敢辄为之徇。

其自守之,确终始屹然,不以众论而摇,不以利害而动。

文公教人循循有序,其始必从事于《小学》,洒扫应对之节,然后循循于《大学》,明德新民之道。又谓不先乎《大学》,则无以提纲挈领,而尽语孟之精微;不参考之以语孟,则无以融会贯通。而极《中庸》之旨趣,不会其极于《中庸》,则又何以建立大本经论大经,而读天下之书,论天下之事。

文公虑学者以《大学》为大,不可升以《中庸》为幽深元远,不可能以圣贤为天资之高,不可到。故注诸书,使学者由持敬以入《大学》,则格致诚正修齐治平皆一理;由谨独戒惧以入《中庸》,则终于日用常行,无过不及而极其至于天地位、万物育皆一道也。

又谓:学颜子者,自无间断。始学《孟子》者,自求放心始,故切切为训练,使致力于是知圣贤可学而到也。

文公尝言学者望道未见,固必即书以穷理。苟有见焉,亦当博考诸书,有所证验,而后实有所裨助。

文公为学大纲一主程氏而节目加详,所以独知自得而契乎先圣尤多。

文公尝教人于静中体认大本、未发时气象。

又谓:致知不以敬,则昏惑纷扰,无以察义理之归;躬行不以敬,则怠惰放肆，无以致义理之实。持敬之方，莫先主一。小学、大学皆本于此。又曰：存此心于齐庄静一之中，穷此理于学问思辩之际，皆有以见其所当然而不容已，与其所以然而不可易。又教学者，当大作下学之功，毋遽求上达之见。

文公讲论商榷，率至夜半，虽疾病支离。至诸生问辩，则脱然沉疴之去体。一日不讲学，则惕然以为忧。

文公于天文地志、律历兵机亦皆洞究渊微，文词、字画未尝用意，而亦皆中规绳，可为世法。

文公晚年闲居于大本大源之地，充养敦厚，人有不得窥其际者。

文公自少即以斯文为己任，孜孜不知老之将至，故能合濂洛之正传，绍邹鲁之坠绪，以觉民于无穷。

文公行在《小学》，志在《纲目》，慷慨在《离骚》。

跋　语

韩子谓记事者必提其要，纂言者必钩其元。余于是书所记皆本揭要之例，而于卷末学力一则并朱子之言而纂之。自始就傅至启手足，无一时一念不在于学，而历考所语，又无非本已自用力心得揭以示人。今纂此书不过数十条，而朱子一生之学备矣。如闻耳提，如奉面命，读者其亦有相愤而兴乎？

后学徐经芸圃再识
雅歌堂外集卷十一，孙有林校刊

历代名家考亭书院记

（录自民国《建阳县志》）

熊勿轩禾《重修考亭书院记》

周东迁而夫子出，宋南渡而文公生。世运升降之会，天必生大圣大贤以当之者，三纲五常之道所寄也。道有统，羲轩邈矣！陶虞氏迄今六十二甲辰。孟氏历序道统之传，为帝为王者，千五百余岁，则尧舜禹之于冀也，汤尹之于伊亳也，文武周公之于岐、丰也。自是而下，为霸为强者二千余岁，而所寄仅若此，儒者几无以借口于来世。呜呼！微夫子六经，则五帝三王之道不传；微文公四书，则夫子之道不著。人心无所为主，利欲持世，庸有极乎！《七篇》之终，所以大圣人之居而尚论其世者，其独无所感乎？呜呼！由文公以来又百有余岁。建考亭视鲁阙里，初名竹林精舍，后更沧洲。宋理宗表章公学，以公从祀庙庭，始赐书院额，诸生世守其学不替。

龙门方侯逢辰灼见斯道之统有关于世运，故于此重致意焉。岁戊子，侯为郡判官，始克修复。邑令古澶郭君瑛又从而增辟之。乙巳，侯同知南剑郡事，道谒祠下，顾谓诸生曰："居已完矣，其盍有所养乎？"书院旧有田九十余亩，春秋祀犹不给，侯捐田为倡。郭君适自北来，议以克协。诸名贤之胄与邦之士大夫翕然和之，合为田五百亩有奇。供祀之余，则以给师弟子廪膳，名曰"义学田"。初，省府以公三世孙沂充书院山长，既殁，诸生请四世孙椿袭其职。侯白之当路，仍增置弟子员，属其事于邑簿汪君蒙，且以书来曰："养可以粗给矣，而教之不可无师也。"谓禾犹逮有闻，俾与前贡士魏梦牛分教大小学，盖有甚欲然者。既又属禾记其事，将何以为辞？

重惟文公之学，圣人全体大用之学也。本之心身则为德举行，而措之国家天下则为事业。其体有健顺、仁义、中正之性，其用有治教、农礼、兵刑之具，其文则《小学》、《大学》、《语》、《孟》、《中庸》、《易》、《诗》、《书》、《春秋》、

《三礼》、《孝经》、《图》、《范》、《西铭义》、《通鉴纲目》、《近思录》等书,学者学此而已。今但知诵习公之文,而体用公之学曾莫之究,其得谓之善学乎?矧曰体其全而用其大者乎?公之在考亭也,门人蔡氏渊尝言其晚年闲居,于大本大原之地,充养敦厚,人有不得窥其际者。盖其喜怒哀乐之未发,蚤闻师说于延平李先生者,体验已熟。虽其语学者非止一端,而敬贯动静之旨,则圣人复起,不易斯言矣。呜呼!此古人授受心法也。世之溺口耳之学,何足以窥其微哉?公之修《三礼》,自家乡至邦国王朝,大纲小纪,详法略则,悉以属之门人黄氏榦,且曰:"如用之,固当尽天地之变,酌古今之宜,而又通乎南北风气,损文就质,以求其中可也。"使公之志克遂,有王者作,必来取法矣。呜呼!古人为治之大经大法,平居既无素习,一旦临事,惟小功近利是视,生民亦何日而蒙至治之泽乎?秦人绝学之后,六经无完书。……文公四书方为世大用,此又非世运方兴之一机乎?……诚能于此推原羲轩以来之统,大明夫子祖述宪章之志,上自辟雍,下达庠序,祀典教法,一惟我文公之训是式。古人全体大用之学,复行于天下,其不自兹始乎!今公祠以文肃黄氏榦配,旧典也;从以文节蔡氏元定、文简刘氏爚、文忠真氏德秀,律安、武夷例也。我文公体用之学,黄氏其庶几焉。余皆守公之道不二,其侑公也实甚宜。公以建炎庚戌生于剑之南溪,父吏部韦斋先生仕国也。公蕴经世大业,属权奸相继用事,郁郁不得展。道学为世大禁,公与门人益务坚苦,泊如也。庆元庚申殁于考亭,后十年庚午,疆场事起。又六十七年丙子,宋亡,公之曾孙浚以死节著。

呜呼!大圣大贤之生,其有关于天地之化、盛衰之运者,岂可以浅言哉!夫子之六经不得行于再世,而公之四书乃得彰著于当代。公之身虽诎于时,而公之道卒信于其后者,天也。过江来,中州文献欲尽。自左丞覃怀许公衡倡明公学,家诵其书,人尊其道,凡所以启沃君心、栽培相业,以开治平之原者,皆公余泽也。方侯创义学,东平袁君璧适以臬事至闽,访求公后,表浚之二子林、彬为省,长南溪、建安两书院,奉韦斋及公祠。又以考亭乃公旧宅,恳恳为语诸生《小学》入门之要,尤以师道不立为忧。既而京华陈君公举司文吴会,为胄监学征藏书,考寻文献,且欲于此继成公志,以复六经古文为属,诚巨典也,而必有俟焉。天运循环,无往不复。欲观周道,舍鲁何适?正学一脉,亟起而迓续之,则天地之心、生民之命、万世之太平当于此乎,在侯之功不亦远乎!侯世以德显,其仕闽以化为政。道南七书院,皆其再造也。考亭西北偏有山曰云谷,晦庵在焉。侯亦为之起废,汪君于山之麓为门以识之。凡公之坟、宅,悉从而表树焉,庶乎知为政之先务矣。精舍创于绍熙甲寅,前堂后室,制甚朴。宝庆乙酉,邑令莆阳刘克庄始辟公祠,今燕居庙则淳祐辛亥漕使眉山史侯季温旧构也。书院之更造,惟公手创,不敢改,栋宇门庑,焕然一新。邑士刘熙宝终始之。义学之创兴,宋燮、黄枢首帅以听,华恭孙、叶善夫、赵宗叟、盱江李廷玉与有谋焉。而厚帑庾、完墅茨以迄于成,则虞子建、刘实也,贤劳皆可书。

时提调官总管燕山张仲仪、教授三山黄文仲及助田名氏悉书石阴。

元虞集记

国家提封之广,前代所无,而自京师通都大府,至于海表穷乡下邑,莫不建学立师,授圣贤之书以教乎其人。群经四书之说,自朱子折衷论定,学者传之。我国家尊信其学,而讲诵授受,必以是为则。而天下之学,皆朱子之书。书之所行,教之所行也;教之所行,道之所行也。今郡县学官之外,用前代四书院之制,别立书院以居学者,因朱子而作者最多。建宁一郡,书院凡七,皆朱子之游息,或因其师友门人而立者也。

考亭书院在建阳城西五里,其始末有熊禾之记,陈义纪,事甚大而备。然而赋入不充于廪稍,而膳完不能无疏也。至正元年辛巳,通守刘侯伯颜至郡且二年矣,文雅乐善,以学校之事为己任,知无不为。文公五世孙沂以考亭之事告诸通守,通守曰:"是吾职也。"乃辍他学之羡积,得中统钞千五百缗,以属诸县典史陈德敬共其事,与山长朱汝舜、直学张隆祖会邑人士而告以侯意,咸曰:"此吾党小子愿执事焉,第俟公府为之先尔。"翕然趋劝而共作新之。而新作文公祠堂先成,沂以部使者太守之命来求屏山书院记,遂并考亭之记焉。

盖闻诸沂曰:"今考亭书院,昔朱子之旧宅也。"其先吏部韦斋之言曰:"考亭溪山清邃,可以卜居。"朱子不忘先君子言,盖至晚岁而后始筑室以成其志而终心焉。于是百五十余年矣,意其精神魂魄之往来,犹顾怀于兹者乎。子孙后进来学于斯者,诵诗读书,求其志气神明之所在,嘉蔬之荐,执事有恪。高堂虚室,若有闻乎其音声。瞻前忽后,若有见乎其仪型。思其居处,思其嗜好,思其言语,雨露之沾濡,焄蒿之升降,观感而化者,莫斯之为近。况乎乡之遗老宿师,微言绪论,家传人道,耳熟心存者,从容诲言以相勉勖,则有日进而不自知其然者,将亦在于斯矣。昔者邹鲁之风所以见闻于天下,后世则亦密迩圣贤之居云耳,吾何幸于考亭见之。

明彭时记

自孔孟道学之传既泯,逮于有宋,儒先辈出,得其传于千载不传之后,可谓盛矣。然而著书立言,继往圣于已远,开来学于无穷,功未有盛于朱文公先生者也。先生钟元气之会,具希圣之才。早闻濂洛绪论,因大肆其力,以探洙泗之渊源。故其为学博文约礼,两极其至用,能包罗天地,囊括古今,贯彻乎人伦物理。遂兼六经、四书,与先儒之所传述者而推明之,而训释之,而折衷订正之。阐幽发微,示天下后世以大中至正之道,使学者循之可以入德,措之可以成治,而无异端他岐之惑,其用心至勤且远矣。自孔孟而下,诸贤明道立教之功,邈乎无与并者,是宜为万世文教之宗也。夫宗其教,诵其书,以致景仰之诚,固当无所不至,而况居处讲习之地乎?

建阳之西里有地曰考亭,实先生之故居也。当其时,四方来学者众,乃于居之后别建沧洲精舍,为讲授之所。厥后理宗尊显道学,御书"考亭书院"四字以揭之,历元至今,屡修屡坏。天顺壬午,监察御史安成刘君釪、姑苏顾君俨同过而致敬焉,慨其敝坏,欲重新之。时建宁推官吉水胡君缉莅郡政,首捐俸为倡,先生之八世孙洤出己资以为助。如是兴复如故,中为堂,前为厅事,后为寝室。俱翼以廊庑,而库廪庖湢之所,则于寝室左右附焉。居之前旧有池,池之上有天光云影亭,亦已芜废。至是并新之,榜以故额。亭中立石,以"半亩方塘一鉴开"之诗刻焉。事方就绪,而御史刘君以代去,其兄铖自兵部职方员外郎来守建宁,因喜而力赞其成。又明年,监察御史余姚魏君浒按治过之,益加叹赏,且戒工亟完之。不旬月而工告毕,至若经营于始,则胡君之功居多也。胡君驰书来京,属时为记。

窃惟建之考亭,犹鲁之阙里也。孔子生于陬邑,及长始徙阙里,后世致瞻仰者,惟以阙里称焉。先生生于尤溪,晚乃定居考亭,则考亭之关系亦重矣。今诸君协心于考亭书院之兴复者,岂非以先生得孔氏道学之正传,为万世所宗仰,而此其肇迹之地,所当崇重而勿废耶?能勿废之,以复乎旧观,则先生道德之容,俨乎如在其上者,犹可想见也。继自今游处于是者,尚当起敬起慕,学其学,心其心,循其轨范,以进于孔孟之门墙,庶几修己者有其序,治人者有所本,而道德之成、功业之建可期矣!夫如是,然后无负于先生继往开来之教也。《诗》曰:"高山仰止,景行行止。"其斯之谓欤!诸君拳拳于兴复书院致力如此,盖知景仰先贤而向往之者也。因书此以告,庶来学及仕宦于是者,皆知所励云。

杨四知记

余少读经艺,欲西浮伊洛,南游考亭,东涉汶、泗、关、邹、鲁之区,观圣哲之遗风焉。壮仕行人,使四方,浮洛睹程氏之区,咫尺邹鲁无繇至也。

万历丙申,奉命巡八闽,过九江,拜濂溪祠。适建阳,观考亭书院,盖文公先生所筑精舍,讲道处也。中堂居宣圣,四子侍两壁,图宋十贤像,亦当时先生所建,朝夕拜礼者。岁久剥落,余葺祠饰像。再过瞻谒,低回留之不能去,乃喟然叹曰:

嗟呼,考亭其先生之杏坛欤!夫王迹熄而杏坛兴,道学禁而考亭之院创,可以观世风矣。假夫子行其道,则将立朝廷、营周京,何居乎杏坛?惟接淅绝粮,此杏坛所由兴也。假先生得其时,则将列清庙、扶宋室,何游乎考亭?惟立朝不满五十日,此精舍所由筑也。是故睹杏坛而知周衰,过考亭而知宋亡,皆圣贤之穷也。虽然,六经之道昭如日星,自杏坛发之,千载绝学自考亭明之,使当时布列朝著,功业仅及一时,亦何暇赞修注释哉?天意其在兹乎!万世而下,周室毁,宋鼎沉,惟杏坛、考亭独存,天固未尝不厚圣贤矣。道统之所以不坠,人纪之所以不隳者,非恃有杏坛、考亭在哉!故曰圣贤功在万世。

清户部左侍郎王绅记

考亭书院,朱子讲学地也。朱子虽出于徽,而实居于闽。幼依刘氏,处崇安。后迁建阳,即唐贤望考亭旧迹辟为讲舍,与学者论道其中,四方负笈者,不远数千里,皆以考亭为归。至宋理宗,命建考亭书院以俎豆先生于此,而因为肄业之所。历代修葺,载于邑乘。至国朝甲午、乙未之岁,海上洊罹兵火,遂遭毁废,栋宇摧落,碑版纵横。越康熙庚午,蓝君勋卿来司邑铎,周视兴叹,乃慨然以修复自任。会郡司马刘君方摄邑篆,为捐俸以倡。其邑之人,于是醵金庀材。经始于康熙壬申,落成于康熙丁丑。至庚辰冬,阳夏柳君莅潭,复捐俸增葺之,丹腹、享堂、廊庑皆如旧观。又视学官制,移韦斋先生祠于堂后,辟报德祠于堂左,以祀历代作兴书院之人。既竣事,蓝君公车来京师，乃列其始末，求余为之记。余与蓝君世交，既嘉其能尽所职，而使寡陋之名得厕于先贤名胜之区，尤其所欣慕也。故为撮述其略，使勒于石，而系之以言曰：

朱子之道大矣！天下学宫已列为通祀，而名山大都所称书院、讲坛者，其奉朱子尤切，岂特私于闽峤哉！然朱子之道虽不私于闽，而闽之学者得私有朱子，此其故天下不必知，而闽儒不可不知也。盖孟子之序道统也，有闻知为之宗，即有见知为之辅、为之宗者。或遥兴于数百年后而为之辅者，必同时同地之人相与讲论而切究之，然后道愈明而泽愈广，故曰去圣未远。近圣人之居若此其甚，盖幸邹鲁同壤，而得与于孔子之徒也。孔子之后千余年而有两程子，程子与孔子固得绍乎闻而知之之统。然其时有尹彦明、谢显道、张思叔诸人辅翼而先后之，则为程子之见知者，皆洛人也。又百余年而有朱子，朱子倡圣人之道于东南，东南之人无不知有朱子者，亦无不知尊朱子者。人谓朱子能以其道易东南之人，不知朱子之学既有游、杨、罗、李以开其先，又有蔡氏父子、胡氏兄弟及黄勉斋之流证其躬修、宏其义蕴、辨其疑似。考《礼》者有人，订《乐》者有人，《春秋》、《易象》、《图》、《范》之类，莫不各竭其心思而集其大成。尝譬朱子之学，其于及门也，若父子兄弟之共庀家事者焉。然后其道大明而信从于天下，则为朱子之见知者，非皆闽人哉！由是观之，论统系固以闻知为重，论辅翼犹以见知为切，二者均关吾道之绝续，而不可偏废于天地之间。区区延建数百里内，而名贤蔚起。后人以闽学继洛学之后，而目为海滨邹鲁，可不谓盛也与！然吾于此有异焉。朱子生于晚宋庆元、嘉定之际，厄于党论，虽旋为昭白，然明而未融，未若后世之家弦户诵也。顾闽之学者笃信不替，谨守矩矱，深山穷谷中矩言方行，不失紫阳家法者，地乘邑志不胜收。迨洪、永以来，表彰朱子载于令甲，应举之人非紫阳一家言摈弗录，可谓道之同而学之一矣。

闽之学者反不若宋元之时，授受相承，蝉联珠贯，灿然可数也。斯何故与？说者谓有明一代，唯蔡虚斋为紫阳正派，其余则在离合纯杂之间，若李贽、林兆恩者流乃背而去之，盛衰之理有不可知者。今值圣明在御，崇儒重道，于紫阳之学尤极为发挥，命儒臣纂辑其遗书，颁行天下，此大道昌明之会也。闽中八郡，幸迩贤居，高山景仰，视他邦为尤切，将见云蒸霞蔚，以追昔日之盛。则考亭书院之复，谓非适当其时哉？

余之乡，距洛为近。居尝持论，以为孔子之后，道之明也为两大会，一曰洛学，一曰闽学。洛学探其源，闽学畅其义，始之终之，而孔子之道以著。然以孟子之见,儒者论之,则其赖于此二邦之人也多矣。谨因书院之成,而附其说于后。自今以往,闽之儒者其过此地也,登此堂也,溯正学之源流,揆斯文之兴废,必畅然有动于中,其非仅以为昔贤神明精神所托,而为瓣香之一祝也已。

刘君讳邦彦,字鼎臣,三韩人。仕郡司马,署建阳事。柳君讳正芳,字德隅,中州太康人。以百有十年之志乘,一旦殚心而重新之,复有功于考亭,顾可泯哉?蓝君讳陈略,字勋卿,漳浦人,康熙己酉举人,先君主闽闱所取士也。博学能文,言行不苟,为邑教谕。每上公车,辄与余言书院事。今果遂于成,可谓有志之士。朱子裔孙讳炳诏,亦捐资勒事者,宜并书。至于财用之出纳与同事者之姓氏,另详碑阴,弗具列焉。

闽浙总督董教增记

古之好德也,苟为其杓之人,则相与尸而祝之,社而稷之,而况桑梓之所敬奉者乎!古之兴教也,千里一圣,百里一贤,犹或闻风而思其人,或奔走而熏其德,而况神明之所陟降者乎!文公朱子之教被于海内,六百有余岁于今矣!海内之祠祀之者,莫不家喻而人晓,庸独私于闽哉!然朱子生于闽,建阳则卜宅于是,讲学于是,窆葬于是,裔胄聚族亦于是。兹乡之祠,视他郡邑倍亲而加谨也固宜。按考亭书院自宋理宗命建以俎豆朱子,本绍熙三年朱子旧构,祀孔圣与四子及图宋十贤像者也。阅代既久,累葺累摧。国朝康熙五十五年,巡抚雷、杨、陈公疏请官捐重建。今且百余岁,完者复败。向之莅斯土者,未暇以谋。同里叶健庵观察顷以巡道至,谒祠下,睹倾剥状,愀然伤之。乃属县令估工,详请兴修于余,余亟许之。健庵复亲往相度殿庑,前有道源堂甚广,行者由仪门、甬道入,不得径达殿阶下,于春秋祭献不中礼。及改为沧洲、寒泉两精舍,舍各二楹,东西向,依朱子设教故名也。堂去而甬道衷深,则于中庭左右建碑亭二,宏规制也。其工费资于阖省道府州县按廉俸分之,得银若干两,众擎易举也。遴廉正掾建宁司狱蒋恩培专司出纳,延邑之武举人陈文光、候选训导萧钺董其役。经始于嘉庆二十四年五月六日,明年二月十有八日竣,请余纪之。余维朱子始仕同安,则祠故相苏魏公;知南康军,则祠周、程三先生及陶靖节、刘西涧父子、李公择、陈了斋,建白鹿洞书院;知潭州、湖南安抚,则改建岳麓书院。盖平生拳拳于前哲之师、讲学之会如此。今虽风流不可即,而其道百世弥光,犹一日也。健庵之先味道先生受学于朱子之门，健庵复得游朱子之乡，修复祠宇，以写其仰止高山之思，其事非偶然也，抑余重有慨者。近今学者治经多尊汉而卑宋，右郑而左朱，君子或病之，不知此好古之士尊其所闻，未为病也。若夫口仁义而心穿窬，辞侨胖而行仪衍，生于心，害于政，虽日诵朱子之言何益？此余之所甚病也。健庵先获我心，条理井井，于以明正道而返闽学之旧不难矣。今健庵调任东宁，日膺朝廷眷宠，奉朱子之学而措之天下，其功岂有艾哉！余嘉健庵之勤于好德而兴教，帅其众以为之后之莅斯土者，其亦有乐乎此也。

旧志云：本祠祀田，文公手置寒泉林一十二箩。成化丁酉，九世孙格置二百一十四箩四斗七管半。弘治甲寅，御史陆公完置三十箩五斗。己未，御史张公敏置四十五箩。正德丙子，御史胡公文靖置四十七箩一斗。戊寅，御史周公鹏置武夷曹墩田二十箩。己卯，御史林公俊置一十二箩。嘉靖庚申，知县邹可张置一十二箩。万历壬辰，知县吴天洪置一十三箩。乙未，都御史许公孚远置二十三箩二斗五管。庚子，知县魏时应增置十箩。已上共四百四十箩。先是子孙分据，间有他鬻者，以致庙宇倾圮弗修，岁时笾豆弗备。万历丁酉，知县魏时应定议追赎，其略云：子孙占据，视异姓之捐助者可以愧心；豪势婪夺，视前人之资买者可以觍面。合一为公，分据为私。合一则庙貌丹垩日新，而分据则宗祠倾颓可虑。合一则节年积剩者，祀田尚可日拓，而分据则现存之业，行且匿卖无存。计祠田岁租所入共八十五两零，议以二十两应生辰、忌日两祭用，八两应春秋丁祭用，以四两应墓祭用，以六两应谒祠用，以二十两应纳条编用，以四两给理年二孙工资用，以三两给香灯门子用，以十五两积候修理用，以十五两给赈两房匮乏子孙用。两房轮年择子孙二人管理，申详两院道府批允，勒石刊木，给付本家子孙遵守。详见《八议书册》，翁正春记。

重修考亭书院记

《礼》曰："春雨露既濡，君子履之，必有怵惕之心；秋霜露既降，君子履之，必有凄怆之心。"后人以祀其先，司牧以祀前贤，胥是道也。考亭书院祀徽国文公朱子，春秋俎豆，以荐馨香，由来旧矣。溯自理宗赐额，院宇巍峨，道范千古，天下士夫咸钦之仰之。驱车过者，无不欲得瞻拜之以为幸，讵仅尊一邑、光一闽哉！

盖南闽有考亭，犹东鲁有阙里；南闽考亭有书院，犹东鲁阙里有杏坛也。

洙泗薪传，公以一身荷之。颜、曾、思、孟，俨若同堂；张、邵、周、程，联为一脉。其道之大，其学之纯，其院之创制显庸，前人言之详矣，朋何敢赘。第自元而明而清，星霜屡易，风雨漂摇，栋宇不无摧残，门墙不无凋敝。台宪有司敬从而修葺之者，亦已更仆难数矣。顾运有升降，道有隆污，曾不几年，而窥其户若非旧户焉者，登其堂若非旧堂焉者。廊庑榛芜，门庭荆棘，伤心蒿怆，满目荒凉。则以国步初移，国家多故，士大夫未遑谋及，而不谓公之裔孙、吾友剑南独挺然而任。是举也，意以春秋修祖庙，乃后人继述之忱所不容已。爰商之宗长衣点，鸠工庀材，兴兹土木。勤垣墉而涂墍茨，勤朴斫而涂丹腠。堂庑门墙，逐加修葺，焕然一新，庶先人灵爽，其有所式凭乎。从兹思其居处，思其笑语，思其志意，思其所乐，思其所嗜，春露秋霜，如闻如见焉。公之道德，可与庙貌而常新。剑南之孝思，亦以是修而益显也。院故有训蒙书塾，今于道源堂改设国民校一所，俾蒙养有所资藉，而后贤因而继起。是役也，计费五百余金，由祠产项下拨用，而邑长赵模与吾友剑南凑缉佐其未备。经始于民国戊午某月，落成于次年某月。剑南于朋有世好，请记于朋。辞不获已，为书于邑志局之次，用以表吾友之孝思，并以见先贤之泽，其灌输后人者，千百年犹未有艾也。

倪寿朋记。

参考文献

蔡方鹿著：《朱熹经学与中国经学》，北京：人民出版社，2004年。

陈国代著：《朱熹在福建的行踪》，北京：作家出版社，2007年。

陈荣捷著：《朱学论集》，上海：华东师范大学出版社，2007年。

方彦寿著：《朱熹考亭书院源流考》，北京：中国文史出版社，2005年。

高令印、高秀华著：《朱熹事迹考》，北京：商务印书馆，2016年。

黎靖德编：《朱子语类》，北京：中华书局，1986年。

钱穆著：《朱子新学案》，北京：九州出版社，2011年。

束景南著：《朱子大传》，福州：福建教育出版社，1992年。

徐经撰：《雅歌堂全集》，《续修四库全书》本。

赵模修，王宝仁纂：(民国)《建阳县志》，1929年铅印本。

张岱年主编：《中国哲学大辞典》，上海：上海辞书出版社，2014年。

张品端著：《朱子学在海外的传播与影响》，北京：中国社会科学出版社，2019年。

朱世泽编：《考亭志》，福州：海峡书局，2015年。

朱熹撰：《朱文公文集》，上海：商务印书馆，1936年。

朱熹撰：《朱熹集》，成都：四川教育出版社，1996年。

朱熹撰，朱杰人、严佐之、刘永翔主编：《朱子全书》，上海：上海古籍出版社，合肥：安徽教育出版社，2002年。

后　记

　　笔者有幸参与新时代考亭书院重建,主要负责文化策划。从 2016 年至今,前后五年时间,查阅诸多有关考亭书院的史料,进行较为系统的考亭书院文化研究。现将这些粗浅的研究成果以答问和选读的形式汇编为《考亭书院大观》,谨以此书作为纪念考亭书院创建 830 周年的一份小小的礼物。

　　本书的出版,得到中共建阳区委和建阳区政府的大力支持,张品端、陈国代同志帮助校稿,徐萍同志协助查寻资料和提供插图,在此一并表示感谢。

　　朱子学博大精深,考亭书院影响深远,绝非这样一本薄书所能穷尽。限于水平,本书定然存在不足之处,敬请读者批评指正。

吴邦才

2022 年 1 月 3 日